KOMPASS

Radreiseführer

Saaleradweg

Genussmomente und lohnenswerte Schlenker
für Reise-Radler und E-Bike-Entdecker

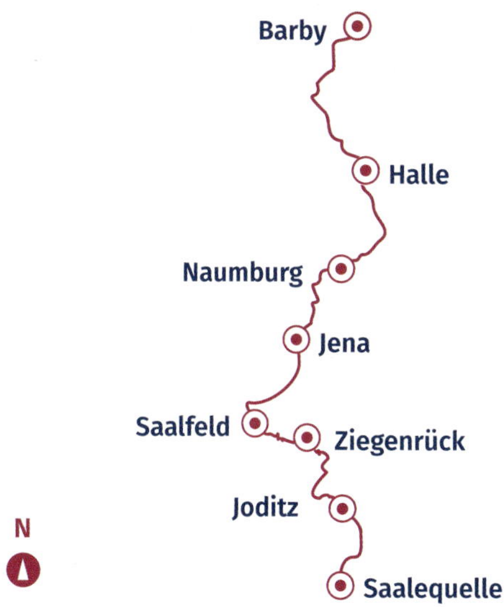

Inhaltsverzeichnis

Lasse den Alltag hinter dir. Nimm dir die Zeit – Fahr los, um etwas zu erleben und schreibe es nieder. Erinnere dich an deine Reise, an die Natur, die Städte und die Menschen, mit denen du die Momente geteilt hast.

Der Saaleradweg

Von der Quelle im Fichtelgebirge an die Elbe

Die Saale

In 413 Kilometern vom Fichtelgebirge an die Elbe

Der Fluss Saale, neben der Moldau der zweitlängste Nebenfluss der Elbe, entspringt im bayerischen Oberfranken, genauer gesagt im Fichtelgebirge. Die Saale ist ein geruhsamer Fluss, ruhiger als viele seiner Nachbarflüsse. Aber wie heißt es so schön: In der Ruhe liegt die Kraft.

So durchfließt die Saale in über 400 Kilometern mehrere Mittelgebirge, Wälder und Ebenen, vorbei an alten mittelalterlichen Städten und ehemaligen Industrie-Hochburgen der DDR, bevor sie kurz vor Magdeburg in die Elbe mündet. Der Sage nach rettete vor langer Zeit eine Nymphe namens Saale einen jungen Jäger vor dem Verdursten, der sich in den tiefen Wäldern des Fichtelgebirges verirrt hatte. Sie wollte für ihre Hilfe keine Gegenleistung, so beschloss der Jäger, allen von seiner wundersamen Rettung zu erzählen. Fortan hieß das Bächlein, dessen Wasser er getrunken hatte, Saale. Der Name selbst bedeutet soviel wie „von Weiden (Salix) bestandener Fluss“. Der slawische Name „Solawa“ wiederum geht auf Althochdeutsch sol - Salz und awa - Wasser, später nasse Wiese, Aue zurück. Das beschreibt

Wegweiser am Saaleradweg in Leuna

die Saale auch ganz gut: Ihr Verlauf war vor der Aufstauung und der Industrialisierung reich an Auen, aber auch die Gewinnung von Salz aus Sole reicht bis in die Bronzezeit zurück. Aber auch heute, nach diversen Renaturalisierungsprojekten, ist der Natur- und Kulturraum reich an Eindrücken. Die Saale mag also nicht der längste oder breiteste Fluss Deutschlands sein, aber ihr Verlauf erzählt eine eindrückliche Geschichte der letzten Jahrhunderte, wenn nicht Jahrtausende. Übrigens: Gerne mal verwechselt man die Saale mit ihrer Namensschwester im Einzugsbereich des Mains – die sogenannte „Fränkische Saale". So nennt man den 413 Kilometer langen Fluss auch „Sächsische Saale", wobei sie keinen Meter durch das heutige Sachsen fließt. Früher jedoch durch den „Obersächsischen Reichskreis", der zur ehemaligen preußischen Provinz Sachsen gehörte, die bis 1944 existierte.

Das Fichtelgebirge

„Der Herzbrunnen Europas“

Das Fichtelgebirge zum Sonnenuntergang mit Ochsenkopf, Schneeberg, Kösseine

Im Nordosten Bayerns erhebt sich das Fichtelgebirge bis 1.051 Meter – ein Magnet für Familien und Outdoor-Sportler sowie Quelle zahlreicher Biotope. Einst nannte man das Mittelgebirge auch „Herzbrunnen Europas", denn genau hier haben vier bedeutende Flüsse ihren Ursprung.

Jeder dieser Flüsse fließt in eine andere Himmelsrichtung ab: Nach Norden strömt die Sächsische Saale, nach Osten die Eger, nach Süden zwei Quellflüsse der Naab und nach Westen der Weiße Main. Die Wasseradern des Fichtelgebirges speisen so Weiher, Seen, Nebenflüsse und Moorgebiete, die Teil der einzigartigen Landschaft sind. Und sie versorgen sogar weiter entfernte Städte mit frischem Trinkwasser. Um das Gebiet zu schützen, wurde im Jahr 1971 auf einer Fläche von 1.020 km² der Naturpark Fichtelgebirge geschaffen – ein Erholungsraum für Mensch und Natur. Kein Wunder, dass heute vor allem Aktivurlauber hier nach dem nächsten Abenteuer suchen. Ob Wandern, Radfahren oder Wintersport, das Fichtelgebirge ist zu jeder Jahreszeit eine Reise wert. Das wussten auch schon berühmte Gäste wie etwa Johann Wolfgang von Goethe. Der Dichter und Naturforscher war von den Gegebenheiten so fasziniert, dass er gleich mehrere Reisen ins Fichtelgebirge unternahm. Vor allem der allgegenwärtige Granit hatte es Goethe angetan. Das Gestein macht etwa 40 % der Gebirgsfläche aus und ist vor allem für seine Widerstandsfähigkeit bekannt. Daher wurde es bereits seit dem frühen Mittelalter zusammen mit anderen Metallen, Erden und Steinen im Fichtelgebirge abgebaut. Inzwischen ist der Bergbau aber nur noch von historischem Interesse. Wesentlich bekannter dürfte den meisten daher das Porzellan sein, welches im Fichtelgebirge seinen Ursprung hat. Keine geringeren Namen als Rosenthal und Hutschenreuther haben hier, genauer gesagt in Selb, ihren Sitz.

Naumburg

Direkt an der Saale, im Süden Sachsen-Anhalts, liegt eine Stadt, die vor allem durch ein spätromantisches Bauwerk weltbekannt wurde. Keine Frage, der Naumburger Dom ist zu Recht seit 2018 UNESCO-Weltkulturerbe, aber eine Stadt, die schon mehr als 1.000 Jahre auf dem Buckel hat, birgt gewiss noch weitere Schätze.

Nicht nur, dass die mittelalterliche Altstadt gerade an sonnigen Tagen perfekt für einen Stadtbummel ist, hinter der einen oder anderen Ladentür verbirgt sich auch manche Tradition. So auch im Steinweg 29. Hier werden schon seit mehr als 130 Jahren Bürsten und Besen auf traditionelle Art und Weise hergestellt. Das ist tatsächlich so außergewöhnlich, dass selbst die New York Times die Bürstenmacherei Steinbrück in einem Artikel erwähnte. Außerdem mischt die Mittelalterstadt bei rekordverdächtigen Fakten mit: In der Kirche St. Wenzel steht etwa die größte Bach-Orgel der Welt – ein Instrument, das vornehmlich für die Stücke von Johann Sebastian Bach gebaut wurde. Der nahm die Orgel übrigens höchst persönlich am 27. September 1746 ab. Trotzdem ist und bleibt der Naumburger Dom natürlich das Wahrzeichen der Stadt und sollte unbedingt besichtigt werden. Im Inneren blickt nämlich eine ganz besondere Dame auf die Besucher herab. Uta von Ballenstedt war die Ehefrau des Markgrafen Ekkehard II. von Meißen. Das wohlhabende Paar sowie neun weitere Stifter bekamen im Naumburger Dom

Spätromantisches UNESCO-Weltkulturerbe

ein Abbild, da sie den ursprünglichen Bau finanzierten. Uta, auch Uta von Naumburg, kommt jedoch unter allen Stiftern eine besondere Bedeutung zu, da ihre Gestalt in der Kunstgeschichte als neuartig und außergewöhnlich gilt. Größen wie Umberto Eco gehörten ebenfalls zu ihren Verehrern. In einem Interview verriet er, dass er Uta von Naumburg gerne zum Essen ausgeführt hätte. Für Walt Disney diente sie sogar als Inspiration für eine seiner Zeichentrickfiguren. Die Ähnlichkeit zwischen der Stifterin und der bösen Königin in Schneewittchen ist aber auch wirklich verblüffend. Wer eine Stadt lieber kulinarisch entdeckt, findet hier zudem den ein oder anderen edlen Tropfen: Naumburg bildet nämlich den Mittelpunkt des nördlichsten deutschen Weinanbaugebiets Saale-Unstrut.

Martin Luther Universität Halle

Die Universitäten von Halle und Jena

Wegbereiter der ersten Sozialgesetzgebung

Hauptgebäude Universität Jena

Entlang des Saale-Tals hat sich schon so manche Persönlichkeit einen Namen gemacht. Das färbte natürlich auch auf die Universität ab, an der sie tätig war. Und so wurden Städte wie Halle und Jena weit über die Ländergrenzen hinaus bekannt. Allein die Martin-Luther-Universität Halle-Wittenberg brachte vier Nobelpreisträger hervor.

Der Mediziner Emil von Behring erhielt den ersten Nobelpreis für Medizin und Physiologie im Jahr 1901. 1925 folgte der Physiker Gustav Hertz, 1953 erhielt Hermann Staudinger den Nobelpreis in Chemie, ebenso wie Karl Ziegler im Jahr 1963. In Jena trugen wiederum keine Geringeren als Friedrich Schiller und Johann Wolfgang von Goethe zum guten Ruf der Universität bei. Die Freunde brachten unter Herzog Karl August den Geist der Weimarer Klassik nach Jena und verschafften der Universität so neuen Aufschwung. Als Goethe im Jahr 1807 schließlich ganz offiziell die Zuständigkeit erhielt, förderte er vor allem die naturwissenschaftlichen Fakultäten. Er gründete etwa den ersten Chemielehrstuhl, baute eine Mineraliensammlung auf und errichtete eine Sternwarte sowie einen botanischen Garten. Die Universität Halle wurde wiederum durch die praktischen ethischen Schriften des Rechtsgelehrten und Philosophen Christian Thomasius zum Ausgangspunkt der deutschen Aufklärung. Was beide Bildungsstätten neben den großen Namen letztlich noch gemein haben? Das inzwischen doch sehr hoch betagte Alter. Immerhin haben sie weit mehr als 300 Jahre Geschichte auf dem Buckel und gehören zu den ältesten Universitäten Deutschlands. 2008 erhielt die Stadt Jena zum 450-jährigen Bestehen sogar den Titel Stadt der Wissenschaft. Und so kommt es, dass man noch heute den Geist der Vergangenheit in den altehrwürdigen Mauern spürt. Seit 1995 besteht zwischen den beiden Städten übrigens ein Universitätsbund. Das ermöglicht den Studierenden bis heute den gegenseitigen Veranstaltungsbesuch, sodass sie ihr Fächerspektrum noch zusätzlich erweitern können.

Ansichtskarte von Ernst Gollub 1913

Vorfreude...

Mit dem Zweirad aufzubrechen und aus eigener Kraft entlang des Radfernweges Land und Leute, Kultur- und Naturschätze zu entdecken, ist ein unvergleichliches Erlebnis. Damit dies gelingt, geben dir die nächsten Seiten eine Einführung zum Buch, wertvolle Tipps sowie Erfahrungswerte von Profis zu Tourenplanung und Checklisten. Außerdem gibt es hilfreiche Infos zur Beschilderung entlang des Radweges und zur Wegequalität.

ZUM RADREISEFÜHRER
Alles über die Kapitel, zu Highlights, Schlenker, Wissenswertes und über das Roadbook im Detail... **S.14 – 17**

GPX-TRACK & TOURENPLANUNG
Alle Infos zum Download der Hauptroute und wie man seine persönliche Radtour optimal plant... **S. 18 & 19**

ANREISE MIT DEM ZUG
Umweltfreundlich, ohne Parkprobleme und zusammen mit Freunden. Alle Informationen... **S. 20 & 21**

EXPERTENTIPP
Erfahrungswerte, Spezielles zum Elektrorad und die Checkliste vor jeder Fahrt von den Profis... **S. 22 & 23**

EINGEPACKT
Erfahrene Radreisende folgen dem Grundprinzip „Weniger ist mehr". Es gilt, den Spagat zwischen sinnvoller Ausrüstung und Gewicht bzw. Packvolumen zu meistern. Des Weiteren sollte systematisch und ausbalanciert gepackt werden. Es schafft Sicherheit und spart Zeit und Nerven. Die Checkliste...
S. 24 & 25

Zum Radreiseführer

Das Buch ist klar und einfach in zwei Teile gegliedert:
Reiseführer & Roadbook

Mit dabei sind ein Kontaktverzeichnis, eine große Extra-Karte und der GPX-Track zur Hauptroute.

Der Reiseführer und die Extra-Karte für den nötigen Überblick zeigen dir das „Rundherum" des Weges und nicht nur den Asphalt unter den Reifen. Hier werden die Stationen des Radwegs charmant beschrieben. Die Einteilung in **„Kapitel"** dient der großräumigen Orientierung. Dabei handelt es sich nicht um Empfehlungen für Tagesetappen. Die Wahl des Fahrrades, mit oder ohne Motorunterstützung, und konditionelle Unterschiede erfordern eine individuelle Etappenplanung.

Jedes Kapitel beginnt mit einem illustrierten Höhen- und Streckenprofil zur schnellen Orientierung. Die Beschreibung greift nach und nach den landschaftlichen Charakter und die Sehenswürdigkeiten entlang der Hauptroute auf und vermittelt auf diese Weise ein Gefühl für die Umgebung. Unterbrochen wird der Text durch farblich hinterlegte Infoboxen.

Highlights am Wegesrand: Diese sind im Haupttext hervorgehoben und mit blauem Symbol durchnummeriert (siehe oben rechts). In grünen Infoboxen mit der entsprechenden Symbol-Nummer wird das jeweilige Highlight detailliert beschrieben. Die Stadtpläne helfen bei der Orientierung an Ort und Stelle. Im Roadbook sind die Sehenswürdigkeiten mittels Symbol-Nummer verortet.

Highlights am Wegesrand **1**

Lohnenswerte Schlenker **2**

Wissenswertes im Gepäck

Lohnenswerte Schlenker: Neben den Highlights sind im Text auch abseits vom Radweg gelegene Sehenswürdigkeiten als Lohnenswerte Schlenker ausgewiesen. Denn häufig zahlen sich kleinere oder größere Abstecher von der Hauptroute aus, um interessante Orte und Geheimtipps fernab des Trubels für sich zu entdecken. Die Kennzeichnung im Text sowie in der dazugehörigen Infobox und im Roadbook erfolgt ebenfalls über die entsprechende Symbol-Nummer.

Wissenswertes über lokale und regionale historische, landschaftliche oder kulturelle Gegebenheiten wird an vielen Stellen in roten Infoboxen vermittelt. Am Ende eines jeden Kapitels folgt ein **Kulinarischer Abzweig**.

Roadbook: Detailkarten und exakte Wegbeschreibung

GPX-Track: die Hauptroute für die digitale Navigation

Extra-Karte: maximale Übersicht und Planungsinstrument

Das Roadbook enthält die Detailkarten mit eingezeichneter Hauptroute und die dazugehörige Streckenbeschreibung. Stellenweise können mehrere offizielle Varianten des Radwegs existieren. Unsere Autoren haben die schönste als Hauptroute gewählt und als rote Linie dargestellt. Es ist möglich, dass diese Route punktuell vom offiziellen Verlauf abweicht, um verkehrsreiche Abschnitte zu umfahren oder besondere Highlights entlang der Strecke aufzunehmen. Das Roadbook ist an die aktuellen Bedingungen rund um den Radweg angepasst. Die mittlerweile gute bis hervorragende Beschilderung der beliebtesten Radwege sowie die häufig offiziell erhältlichen Radwege-Apps und digitalen Wegverläufe erlauben es, das Roadbook auf das Wesentliche zu reduzieren und dadurch eine optimale Übersichtlichkeit zu erreichen.

Linien: Unsere Hauptroute wird als durchgezogene rote Linie abgebildet. Ausgewählte Varianten werden als rot gestrichelte Linie dargestellt. Lohnenswerte Schlenker entsprechen der grünen Linie und zweigen von der Hauptroute ab. Maßstabsbedingt können nicht alle Schlenker im Roadbook abgebildet werden.

Wegpunkte: Der Text und die Kartografie sind über die Wegpunkte miteinander verbunden. Schwarze Kreise mit weißer Zahl beschreiben die Hauptroute. Grüne Wegpunkte erläutern den Verlauf der Lohnenswerten Schlenker.

Zusatzinformationen im Roadbook und in den Stadtplänen

- Hauptroute
- Variante
- Kilometrierung
- Lohnenswerter Schlenker
- Steigung, starke Steigung
- Wegpunkte Hauptroute/Lohnenswerte Schlenker

Kilometrierung: Die Hauptroute ist vom Start bis zum Ziel fortlaufend in regelmäßigem Abstand mittels weißer Kilometerangabe in rotem Kreis beschildert. An jedem Ort ist die bereits zurückgelegte Strecke problemlos ablesbar und die Anschlusskarte schnell gefunden. Steigungspfeile entlang der Route markieren steilere Abschnitte in oder entgegen der Fahrtrichtung.

Sehenswürdigkeiten: Soweit möglich, sind die im Reiseführer beschriebenen Highlights und Schlenker im Roadbook mit blauem Symbol und weißer Nummer verortet. Darüber hinaus enthalten die Karten viele weitere Hinweise zu touristischen Attraktionen und landschaftlichen Besonderheiten entlang des Radweges. Die vollständige Kartenlegende befindet sich auf der hinteren Klappe.

Aktuelles: Hochwasser- oder baustellenbedingte Umleitungen sind in der Regel gut ausgeschildert und werden ebenso wie die aktuellsten Verkehrsinformationen, Hinweise und Sicherheitsmaßnahmen auf den offiziellen Seiten des Radwegs und der Touristinformationen kommuniziert. Hilfreiche Adressen und Kontakte finden sich auf den nächsten Seiten und bei den Reiseinfos im Anhang.

GPX-Track & Tourenplanung

Den GPX-Track zur Hauptroute des Roadbooks gibt es hier zum Download:

www.kompass.de/gpx

Für die Planung einer Radtour und der einzelnen Tagesetappen sollte man sich genügend Zeit nehmen. Mache dich mit deiner Tour vertraut und wähle deine persönlichen Highlights aus. Dort wirst du bestimmt mehr Zeit verbringen wollen. Mit großer Sicherheit wirst du auch unterwegs auf den einen oder anderen Ort treffen, an dem du ungeplant verweilen möchtest.

Ohne große Erfahrung mit mehrtägigen Radtouren sollte man eher kürzere Etappen einplanen. Wenn man sein Konditionslevel nicht kennt, ist es hilfreich, vorab einzelne Tagesausflüge mit seinem beladenen Tourenrad zu unternehmen. Dabei sollte man möglichst ohne große Anstrengung fahren, da es auf die Ausdauer und nicht auf die Geschwindigkeit ankommt. So wird schnell klar, bei welcher durchschnittlichen Tages-Kilometer-Leistung die eigene Komfortzone liegt und was die Stärken und Schwächen des Rades und der Sitzposition sind. Des Weiteren gilt es regelmäßig Pausen einzuplanen und evtl. einen Ruhetag an einem lohnenswerten Ziel.

Wie viele Kilometer schafft man? Pauschal kann dies nicht gesagt werden, da zu viele Faktoren eine Rolle spielen wie u.a. die eigene Kondition, das Gepäck, die zu überwindenden Höhenmeter oder auch das Wetter. Starker Gegenwind kann die Durchschnittsgeschwindigkeit halbieren. Mit dem E-Bike kann die Distanz schnell um 20-30% oder sogar 50% und mehr gesteigert werden. Eigene Probefahrten schaffen Gewissheit und helfen, die persönliche Durchschnittsgeschwindigkeit und eine realistische reine Fahrzeit exklusive Pausen für sich zu ermitteln. Damit ist die Tages-Kilometer-Leistung schnell berechnet. Die nachfolgende Auflistung zeigt Erfahrungswerte, also Tages-Distanzen in Abhängigkeit vom Konditionslevel für Radtouren in ebenem bis mäßig hügeligem Gelände, und dient der groben Orientierung:

<30 km = relativ einfach (Anfänger und Etappen mit Kindern)
30-40 km = gemütlich (häufige Pausen und größere Gruppen)
40-50 km = durchschnittlich (ab 50 km sind Sportliche schon gut dabei)
50-80 km = erhöhte Kondition (bereits nach leichtem Training machbar)
80-120 km = gute Kondition (mit viel Gepäck benötigt man für 120 km den ganzen Tag)
> 120 km = sehr gute Kondition

Plan B: Sollte man sich bei der Etappenlänge verplant haben, so stehen häufig regionale Fahrradtaxi-Unternehmen, Fähren, Bus und Bahn zur Verfügung (Kontakt über Touristinformationen und die offizielle Radwegseite). Im Notfall kann immer eine alternative Unterkunft gewählt werden.

Anreise mit dem Zug

Umweltfreundlich, mit Freunden als Gruppe und ohne Stau. Mit genügend Vorlaufzeit und Planung gelingt die An- & Abreise per Zug problemlos. Die Frage, wie man nach der Radtour das am Start abgestellte Auto erreicht, stellt sich erst gar nicht. Informationen bieten die folgenden Adressen.

Zentrale Service-Hotline der DB:

0180 6 99 66 33

(20 Cent/Anruf aus dem Festnetz, Mobilfunk max. 60 Cent/Anruf.)

Informationen zur Fahrradmitnahme, -versand und -miete. Sowie Buchung bzw. Reservierung von Tickets und Stellplätzen.

Zentrale Service-Hotline der ÖBB:

+43 (0)5 17 17

(Gebührenpflichtig. Die Höhe der Gebühr richtet sich ausschließlich nach dem jeweiligen Festnetz- oder Mobilfunkvertrag des Anrufers. Die ÖBB verrechnen keine zusätzlichen Kosten.)

Alle Informationen über die Mitnahme vom Fahrrad bei der Deutschen Bahn: www.bahn.de/p/view/service/fahrrad/bahn_und_fahrrad.shtml

Tipps der DB, um die Bahnreise mit dem Fahrrad zu erleichtern: www.inside.bahn.de/checkliste-fahrrad-mitnahme-bahn/

Informationen über die Fahrradmitnahme in den Zügen der Österreichischen Bundesbahnen: www.oebb.at/de/reiseplanung-services/im-zug/fahrradmitnahme

Der ADFC informiert zu allen Themen rund ums Rad: www.adfc.de

Tipp vom Experten

Die Profis von Diamant blicken auf eine über 135-jährige Geschichte zurück. Für uns haben sie das Wichtigste zusammengeschrieben, damit die Fahrradtour gelingt.

Checkliste vor jeder Fahrt:

✓ Lenker und Vorbau kontrollieren
✓ Laufräder prüfen (Reifendruck, Befestigung etc.)
✓ Bremsen testen (Bremsbelag, Scheiben, Felgen etc.)
✓ Kettenspannung überprüfen
✓ Sattel (Sitz) und Sattelstütze kontrollieren
✓ Federung prüfen und Wartungsintervall checken
✓ Beleuchtung und Reflektoren sicherstellen
✓ Rahmen und Gabel begutachten
✓ Akku beim Elektrorad prüfen
✓ Pannenset & Kompatibilität kontrollieren

Die Länge einer Tagesetappe hängt von vielen Faktoren ab. Insbesondere von der eigenen Kondition, der Motivation, den Wetter- und Wegebedingungen und natürlich auch von den Wegbegleitern. Greift man auf ein Elektrorad zurück, sind weitere Faktoren zu beachten. Es ist sowohl vor Antritt als auch während einer Fahrt schwierig, die Reichweite der Akkuladung exakt vorherzusagen. Allgemein gilt jedoch:
Bei gleichem Unterstützungslevel des E-Bike-Antriebs: Je weniger Kraft du einsetzen musst, um eine bestimmte Geschwindigkeit zu erreichen (z.B. durch optimales Benutzen der Schaltung), umso weniger Energie wird der Antrieb verbrauchen und umso größer wird die Reichweite einer Akkuladung sein. Je höher der Unterstüzungslevel bei ansonsten gleichen Bedingungen gewählt wird, umso geringer ist die Reichweite.

Spezielles zum Elektrorad

- Ganz wichtig: Mach dir bewusst, dass andere Verkehrsteilnehmer womöglich nicht damit rechnen, dass ein Elektrorad schneller fahren kann als ein herkömmliches Fahrrad. Außerdem erhöht eine schnellere Geschwindigkeit das Unfallrisiko.
- Überlaste den hinteren Gepäckträger nicht. Die maximal erlaubte Zuladung des hinteren Gepäckträgers beträgt 20 - 25 kg.
- Reinige das E-Bike niemals mit einem Hochdruckreiniger. Die elektrischen Komponenten sind feuchtigkeitsempfindlich. Unter Hochdruck auftreffendes Wasser kann in Steckverbindungen und andere Teile des Elektrosystems eindringen.
- Akku vor längerer Nichtbenutzung auf bis etwa 60% aufladen (normalerweise 3 bis 4 LEDs der Ladezustandsanzeige). Nach 6 Monaten den Ladezustand prüfen. Leuchtet nur noch eine LED der Ladezustandsanzeige, Akku wieder auf bis etwa 60% aufladen.
- Es ist nicht empfehlenswert, den Akku dauerhaft am Ladegerät angeschlossen zu lassen.
- Wird der Akku längere Zeit in leerem Zustand aufbewahrt, kann er trotz der geringen Selbstentladung beschädigt und die Speicherkapazität stark verringert werden.

Eingepackt

Was muss mit? Diese Packliste beantwortet die Frage. Individuelle Anpassungen sind erforderlich, da jede Radreise einzigartig ist. Beutel und Packsäcke sorgen für Ordnung in den Packtaschen.

NAVIGATION
Kartenmaterial, Radreiseführer
Handy (Ladekabel, Akkus)
GPS-Fahrradcomputer (Ladekabel, Akkus prüfen)

ALLGEMEINES
Ausweise, Papiere, Telefonnummern
Reisedokumente
Bargeld / EC-Karte / Kreditkarte
Stift & Notizbuch
Stirnlampe / Taschenlampe (Ladekabel, Akkus prüfen)
Wasserdichte Schutzhüllen für Handy und Wertsachen
Powerbank (mobile Stromversorgung)

FAHRRADSPEZIFISCH
Tacho/Fahrradcomputer
Getränkeflasche / Schlauch-Trinksystem
Fahrradlicht vorne & hinten
Fahrradwerkzeug für Standardreparaturen & Flickzeug
Ersatzschlauch & Reifenheber
Luftpumpe, Lappen
Schloss
E-Bike-Ladegerät nicht vergessen!

NOTIZEN

....

....

....

....

KLEIDUNG & SCHUTZ
Tages- & Wechselkleidung
Gepolsterte Radunterhose
Leichte Isolationsjacke
Regenjacke und Regenhose
Schlafzeug, Badezeug
Radtourenschuhe
Wechselschuhe oder Sandalen
Sport-, Sonnenbrille (bruchsicher)
Helm (gesetzliche Helmpflicht in Österreich für Kinder unter 12 Jahren)
Unterhelmstirnband / -mütze
Schlauchtuch / Buff
Fahrradhandschuhe

REISEAPOTHEKE
Erste-Hilfe-Set (inkl. persönliche Medikamente)
Desinfektionsmittel, Mundschutz, Seife
Pflaster / Stretchverband
Sonnen- & Insektenschutz
Augentropfen
Ohrstöpsel

HYGIENE
Kulturbeutel (gepackt)
Duschgel & Shampoo
Zahnbürste & Zahnpasta
Reisehandtuch
Taschentücher

SONSTIGES
Ersatzbrille
Fotoapparat (Speicherkarte & Akkus prüfen)
Unterhaltung: Buch, Spielkarten, Zeitschrift…
Kopfhörer
Feuerzeug & Taschenmesser (mit Schere)
Spülmittel, Schwamm und Geschirrtuch
Campingausrüstung (falls erforderlich)
Geschirr & Besteck

Schilderwald... Wegecharakter Informationen

Die Beschilderung entlang des Radweges (ganz links das offizielle Logo)

Der Radweg ist gut und durchgehend in beide Richtungen mit dem offiziellen Logo beschildert. Flussabwärts ist der Radweg teilweise mit dem Zusatz „M“ für Mündung und in Richtung Quelle mit „Q“ beschildert. In Deutschland ist fast der gesamte Saaleradweg ein Teil der D-Route 11 (Radsymbol mit weißer 11 auf rotem Hintergrund), deren Symbol zusätzlich zur Orientierung dient.

Die Wegequalität am Saaleradweg ist überwiegend gut. In den letzten Jahren wurde der Radweg an vielen Stellen weiter ausgebaut und verbessert. Der Bodenbelag der Route ist meist Asphalt, häufig auch Schotter. Gelegentlich gibt es Wegstücke auf Waldwegen. Punktuell verläuft die Strecke im Verkehr. Durch häufige Steigungen gerade am Anfang des Radwegs bzw. im Oberlauf der Saale ist der Radweg anspruchsvoll und hier nur für erfahrenere Radfahrer geeignet. Im Bereich der Saaletalsperren verläuft die Route häufig nicht direkt am Wasser. Ab Saalfeld an der Saale ist der Radweg jedoch durchgehend familienfreundlich.

Informationen:
Erlebnis Saaleradweg
Am Anger 15
07743 Jena
Telefon: 036601 905206
Telefax: 036601 – 905201
E-Mail: info@saaleradweg.de

Website Saale-Radweg
www.saaleradweg.de

Aktuelle Informationen und Umleitungen zum Radweg:
www.saaleradweg.de/news
www.saaleradweg.de/baustellen

Magdeburg
Barby
Dessau
Bernburg
Halle
N
Leipzig
Bad Dürrenberg
Naumburg
Weissenfels
Erfurt
Weimar
Jena
Gera
Rudolstadt
Zwickau
Saalfeld
Ziegenrück
Plauen
Bad Lobenstein
Joditz
Hof
Coburg
Münchberg
Kulmbach
Saalequelle

Der Saaleradweg

Von der Quelle im Fichtelgebirge an die Elbe

Teil 1 Reiseführer

Von der Saalequelle

45 km Ab Quelle
55 km Ab Münchberg

4 Schlenker & Highlights

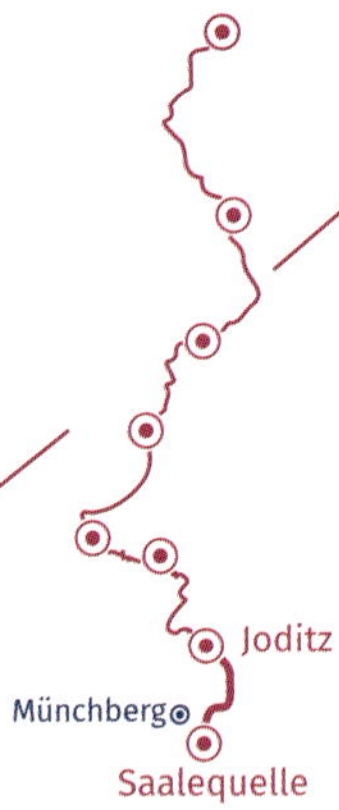

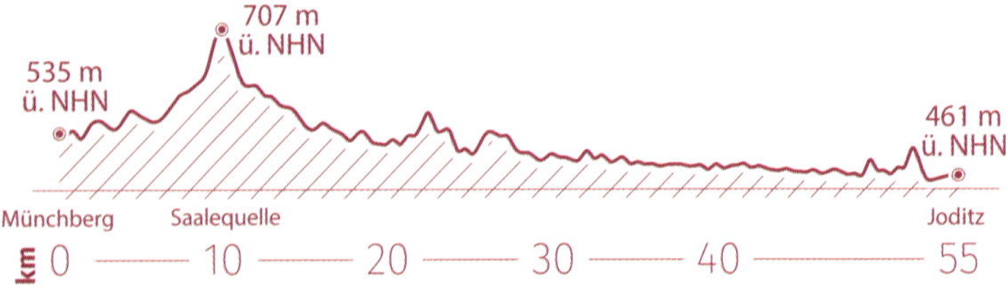

durch das Fichtelgebirge

„Die großen Flüsse brauchen die kleinen Wasser", sagte einst der Philosoph Albert Schweitzer. Und so verhält es sich auch mit der Saale. Der Ausgangspunkt unserer Reise liegt in Münchberg. Aber der Fluss an sich sprudelt aus dem Stollen eines ehemaligen Bergwerks hervor, ein wenig außerhalb von Münchberg. Solltest du lieber sofort und geradeaus deine Radtour beginnen, ist das natürlich möglich. Für jene, die zuerst an die Quelle der Saale möchten, beginnt das erste Kapitel der Tour mit ein paar Kilometern leicht aufwärts in Richtung Süden, genauer gesagt an den Nordhang des großen Waldsteins im Fichtelgebirge. Dazu musst du zur Ortschaft Zell im Fichtelgebirge radeln. Du startest also am Bahnhof Münchberg und verlässt – unter den Gleisen durchgeradelt – die Stadt auf der Bayreuther Straße. Vor dem Ortsende und vor dem Kreisverkehr startet der Radweg entlang der B2, der dich in das Örtchen Mussen und weiter nach Mechlenreuth bringt. Hier wird rechts in einen Wald abgebogen, die Wegschilder zeigen nach Klein- und Großlosnitz. Und dann durch das leicht hügelige Land nach Zell im Fichtelgebirge. Von der Kirche im Ortszentrum wendest du dich nach links, ein paar Schweißtropfen später am Ortsrand weisen an den Tennisplätzen schon Schilder zur **Saalequelle** 1 – nicht nur ein ausgezeichneter erster Rastplatz, sondern auch der eigentliche Beginn einer Radreise entlang einer der schönsten Flüsse Deutschlands.

Lohnenswerter Schlenker 1

Die Saalequelle

Überbleibsel einer florierenden Zeit

Das Fichtelgebirge hält an seinem nordwestlichen Rand, auf dem Gebiet der Gemeinde Zell, eine zunächst eher unscheinbare Überraschung bereit. Unscheinbar, weil heute kaum noch Spuren der bewegten Vergangenheit übrig sind. Und doch ist die Saalequelle ein besonderes und spannendes Ausflugsziel. Warum? Weil hier zum einen die sächsische Saale, einer der vier bedeutsamen mitteleuropäischen Flüsse, die im Fichtelgebirge beginnen, ihren Ursprung hat. Zum anderen, weil hier einst ein kleines Bergwerk namens „Hülffe Gottes" große Mengen sogenannter „Gelbkreide" förderte.

Was den Zeller Bürger Jacob Heinrich Richter im Jahr 1769 dazu bewegte, das Werk zu errichten, ist unklar. Doch als er erst auf die gelbe Substanz stieß, beschloss er, sich voll und ganz auf den Abbau des Mineralgemischs zu fokussieren. Dieses wurde vielerorts gebraucht, um Ockerpigmente zur Herstellung von Hausfarbe zu gewinnen. Damals bestand das Grubengebäude aus einem Förderschacht sowie einem knapp 70 Meter langen Stollen, der unterhalb der Quelle entlangführte. Aus dieser Zeit stammt auch der Wasseraustritt, den die Einheimischen bis 1869 als „Ausgang der Saale" bezeichneten,

Lichtung in der Nähe der Saalequelle

ehe es die Saalequelle selbst wurde. Der eingefasste Austritt kennzeichnet aber nicht den wirklichen Ursprung der Quelle. Dieser liegt nämlich rund 60 Meter oberhalb.

1794 gelang Richter dann der große Durchbruch dank des Besuchs von Alexander von Humboldt. Der damalige Oberbergmeister des Fürstentums Ansbach-Bayreuth erkannte die hohe Qualität der Gelbkreide und förderte daraufhin das Unternehmen. Schon rund 15 Jahre später war das Vorkommen erschöpft – das Bergwerk wurde geschlossen.

Heute ist kaum noch etwas von diesen glorreichen Zeiten zu erkennen. Doch im Jahr 2014 hat das Geotop eine umfassende Restaurierung samt neuer Quellfassung, Sitzmöglichkeiten und Infotafeln erhalten, für die sich dieser Schlenker definitiv lohnt.

Und nun geht es richtig los: Zuerst zurück nach Zell im Fichtelgebirge geradelt, verlässt du den Ort in Richtung Reinersreuth. Die Saale fließt links von dir – allerdings noch recht klein und unscheinbar, versteckt hinter kleinen Mischwäldern und Holundersträuchern. Nach der Ortschaft Sparneck überquerst du die Saale und gleich danach auch ihren bis jetzt größten Zufluss, den Haidbach. Auf der orographisch rechten Seite des Flusses erreichst du Weißdorf. Passend zum Gesamtthema „Saale“ kannst du dir hier das **Wasserschloss** ansehen, das einst als Rittersitz im Besitz der Familien von Sparneck war. Im 16. Jahrhundert bewohnte Raubritter Sebastian von Sparneck das Schloss, der sich durch Straßenraub und Plünderung bereicherte. Mit ein Grund, warum das Schloss durch Ritter des Schwäbischen Bundes im Jahr

Blick auf Zell im Fichtelgebirge

Brennender Rittersitz, Holzschnitt 1523

1523 zerstört wurde. Als die Truppen jedoch das, wie sie glaubten, verlassene Schloss sprengen wollten, fanden sie die Frau von Sebastian v. Sparneck mit Wehen im Kindbett liegen. Sie glaubte wahrscheinlich, dass sie durch ihr Bleiben die Zerstörung der Behausung aufhalten könnte. Der Feldführer ließ einen Teil der Hakenbüchsenschützen im Schloss zurück und befahl ihnen, es nach der Geburt des Kindes zu sprengen. Die Frau verließ allerdings schon vorher ihr Kindbett mit den Worten: „Wenn es denn sein muss, so will ich es nicht aufhalten.“ Daraufhin wurde am 12. Juli das Schloss in Weißdorf in die Luft gejagt. Nicht mal 100 Jahre später wurde es wiederaufgebaut und ist heute ein kleines, barockes Landschloss, das vor einem halben Jahrtausend einem Raubritter gehörte – eine spannende Geschichte, oder?

Wissenswertes im Gepäck 2

Das Erika-Fuchs-Haus

Der Ursprung von Entenhausen

Erika-Fuchs-Haus

Micky Maus, Donald Duck und Co. begleiten Kinder und Jugendliche bereits seit Generationen. Wer hat nicht schon einmal über die Wutausbrüche der hitzköpfigen Ente gelacht oder sich vorgestellt, wie Dagobert Duck in ein Meer aus Goldmünzen zu springen? All die Abenteuer der kultigen Comicfiguren spielen hierzulande in Entenhausen, aber wo genau soll das eigentlich liegen? Mit der Eröffnung des Erika-Fuchs-Hauses am 1. August 2015 in Schwarzenbach an der Saale wurde diese Frage endgültig geklärt – es liegt in Oberfranken. Denn in dem Ort, wo das erste deutsche Museum für Comic und Sprachkunst heute zu finden ist, lebte lange Zeit die promovierte Kunsthistorikerin Erika Fuchs. Wem dieser Name jetzt immer noch nichts sagt: Erika Fuchs arbeitete von 1951 bis 1988 als Übersetzerin und Chefredakteurin des Micky-Maus-Magazins und erzählte die amerikanisch geprägten Geschichten so, dass sie für den deutschen Leser funktionieren. Aus Halloween wurde etwa Rosenmontag, aus einem Erdbeershake machte sie ein Erdbeereis. Das allein macht aus Entenhausen aber noch lange keinen realen Ort. Eingefleischten Fans wird auf dem Weg zum Erika-Fuchs-Haus aber sicherlich aufgefallen sein, dass Orte wie Oberkotzau oder Schnarchenreuth nicht nur in der fiktiven Disney-Welt existieren. Die einstige Chefredakteurin verewigte kurzerhand die Nachbarorte ihrer Heimat in den Comics.

Ihr Werk wird nun in dem gleichnamigen Museum gewürdigt. Besucher tauchen dort auf mehreren Ebenen in die Comicgeschichte ein. Außerdem gibt es verschiedene Stationen, um die Sprache der Übersetzerin spielerisch zu erproben. „Gähn!“ oder „Grübel...“ sind Wortschöpfungen, die längst gängig in unserem Sprachraum sind. Zu verdanken haben wir sie Erika Fuchs.

Von Weißdorf wechselst du nun auf den linksseitigen Radweg in Richtung Bug, nach dem kleinen Dorf begleiten dich für einen kurzen Abschnitt mächtige Kastanienbäume, bevor der Radweg über einen Sattel und zwischen zwei kleinen Bergen gemächlich bergauf und bergab geht. Du erreichst den Weiler Oppenroth und danach das Saale-Tal – tolle Landschaftsblicke inklusive. Du überquerst die Bundesstraße B289 und musst nun ein kleines Stückchen bergauf strampeln. Das wird belohnt: Inmitten der prächtigen, dunkelgrünen Waldinseln lugt die Wasseroberfläche des **Förmitz-Speichers** hervor, in dem man auch schwimmen kann. Weite Wiesen dominieren das Bild, in Schwarzenbach an der Saale solltest du unbedingt eine kleine Rast einlegen. Die liebevoll restaurierte Altstadt lockt nicht nur mit kleinen Cafés (das „Kleine Cafe“ überzeugt mit frischen Torten und Kuchen), sondern hier ist auch Kunst und Zeitgeschichte zuhause. Sehenswert sind das **Erika-Fuchs-Haus** (2) und die Kunstgalerie Altes Rathaus, aber auch der **Dichter Jean Paul** (3) hat hier seine Spuren hinterlassen.

Erika-Fuchs-Haus
Museum für Comic und Sprachkunst
Bahnhofstraße 12
95126 Schwarzenbach a. d. Saale
+49 9284 9498120
info@erika-fuchs.de
www.erika-fuchs.de

Öffnungszeiten:
Di – So 10 – 18 Uhr
Feiertage geöffnet

Die Panzerknacker laut Erika Fuchs

Innenstadt Hof

Wieder auf dem Saaleradweg und auf dem Weg nach Hof solltest du eines wissen: Du radelst durch Oberfranken, eine Region mit einer weltweit einzigartigen Brauereidichte. Allein auf der 13 Kilometer langen Route nach Hof findest du vier Brauereien. Aber auch in Sachen Metzgereien und Bäckereien schaut es, gemessen nach der Einwohnerzahl, nach einem Weltrekord aus. Über 11.000 kleinstrukturierte Familienunternehmen gibt es in der Region. In den Genuss der fränkischen Lebensart kommt man in einem der vielen Wirtshäuser. Sollte man seine Tagestour schon zurückgelegt haben, empfiehlt sich eine urfränkische Brotzeit mit „blauem Zipfel“(Bratwürste), Zwetschgenbames (Rinderschinken) und Presssack oder Schweineschäufele, fränkischer Sauerbraten und fränkische Klöße. Nichts für Vegetarier, aber ein Stück kulinarische Kulturgeschichte.

Der Radweg folgt nun der Saale, du erreichst Fattigau und dann Oberkotzau. Er führt nun entlang der renaturierten Saale, auf der Höhe der kleinen Ortschaft Döhlau empfiehlt sich ein Abstecher zum **Naherholungsgebiet Untreusee** (4). Auch einen Abstecher bzw. Schlenker wert wäre der Besuch des Gedenksteins von **Thea von Harbou in Tauperlitz**, einem Ortsteil von Döhlau. Thea von Harbou ist zwar wohl eher den Cineasten ein Begriff, aber nichtsdestoweniger eine äußerst schillernde Persönlichkeit. Thea von Harbou, geboren am 27. Dezember 1888 in Tauperlitz, zählt zu den wichtigsten deutschen Drehbuchautorinnen und Filmemacherinnen. Einige ihrer bekanntesten Drehbücher sind „Dr. Mabuse, der Spieler“, „Metropolis 2” und „M“. Außerdem war sie Theaterschauspielerin und Schriftstellerin. Harbou zählt neben Leni Riefenstahl wegen ihrer Tätigkeit während der Zeit des Nationalsozialismus zu den prägenden, aber auch umstrittenen Frauen des frühen deutschen Films.

Saaleradweg bei der Michaeliskirche in Hof

Du erreichst nun **Hof**, das Zentrum der Region Hochfranken. Die Stadt zählt ein wenig mehr als 45.000 Einwohner. Auf Grund seiner nahen Lage zu Thüringen und Sachsen trafen die Ereignisse des Jahres 1989 in der DDR Hof in besonderer Weise, der Ort nahm nicht nur tausende Flüchtlinge auf, die u.a. von Prag in Sonderzügen ankamen, sondern bekam nach der Grenzöffnung auch innerhalb von vier Tagen Besuch von über 330.000 Menschen aus Ostdeutschland. Ein weiterer Wissensbooster: Man nannte Hof auch lange Zeit das „bayerische Manchester". Das lag an der hier angesiedelten Textilwirtschaft. Auch heute noch sind die Textil- und Bekleidungsindustrie wichtige Arbeitgeber der Region.

St. Marien in der Stadt Hof

Du verlässt Hof nun in Richtung Blankenstein, der Radweg führt entlang einer gemütlichen Promenade an der Saale. Wenn du ein Edelstahl-Kunstwerk inmitten der Saale siehst, biegst du links ab, folgst dem beschilderten Weg und gelangst wieder an die Saale. Nach Unterkotzau heißt es Augen auf: Von hier bis Joditz erfährst du auf Informationstafeln interessante und unterhaltsame Episoden aus dem Leben des Dichters **Jean Paul**, der hier seine Kindheit verbrachte. Achtung, nach Unterkotzau überquerst du unterhalb einer Burgruine einen Steg, der bei Nässe sehr rutschig sein kann. Nachdem du die Uferseiten gewechselt hast, unterquerst du die Autobahn und gelangst nach Saalenstein und auf das Gehöft der Fattigsmühle, einem beachtlichen Fachwerkbau.

Jean Paul Museum in Joditz

Highlights am Wegesrand 3

Das Jean-Paul-Museum

Auf den Spuren des Dichters

Joditz ist auf den ersten Blick vielleicht ein eher unscheinbares Dorf. Dabei ist es der „geistige Geburtsort" – wie er es selbst formulierte – eines großen, deutschen Schriftstellers. Jean Paul verbrachte hier als Sohn des hiesigen Pfarrers seine Kindheit und Jugend vom zweiten bis 13ten Lebensjahr. Diese Zeit beschrieb er als besonders prägend und vor allem glücklich, weshalb es wohl passend ist, ihm auch hier ein Denkmal zu setzen. Das Jean-Paul-Museum Joditz stellt nahezu alle Erstausgaben des Schriftstellers sowie zahlreiche seiner Mitstreiter aus. Außerdem gibt es eine Handbibliothek, die rund 700 Titel mit mehr als 1.000 Bänden umfasst.

Johann Paul Friedrich Richter, wie er mit bürgerlichem Namen heißt, wurde am 21. März 1763 in Wunsiedel geboren und wirkte literaturgeschichtlich vor allem in der Zeit von Klassik bis Romantik. Schon zu seiner Zeit war er insbesondere bei den Leserinnen sehr beliebt. Denn als erster deutscher Schriftsteller gelang es ihm, seine weiblichen Figuren mit Empathie und psychologischer Tiefe zu gestalten.

Portrait von Jean Paul (1798 H. Pfenninger)

Wenn du dich am stattlichen Ausflugsgasthof sattgesehen hast, führt links ein Steg über die sanft plätschernde Saale und die Reise führt dich steil bergauf, die Landschaft wird nun felsiger. Nach dem Anstieg gleich schwungvoll wieder bergab, kannst du vor Jodritz rechts noch den Jean-Paul-Felsen mitnehmen. Ein Aussichtspunkt mit Infotafel, der den Blick inspirierend weit über die rollenden Hügel und buschigen Wälder des gleichnamigen Wandergebietes schweifen lässt. Noch eine Brücke und schon ist Joditz erreicht. Ein beschauliches Örtlein aus dem Jahre 1365, wo es Jean Paul gerade mal bis zum Teenageralter aushielt. Die Gemeinde hat dem begabten Dichter im Gartenhäuschen des ehemaligen Pfarrgartens darum ein **Museum** eingerichtet. Die Hauptstraße durchquert die mittelalterliche Siedlung und kürzt dabei eine Saaleschleife ab, wenn du aber noch vor der Kirche rechts in die Jean-Paul-Gasse abbiegst, gibt es am Ende zur Belohnung einen Campingplatz mit erfrischendem Badesee.

Jean-Paul-Museum Joditz
Schlegelweg 2
95189 Joditz

Informationen:
+49 (0)9281 815 7777
touristinfo@stadt-hof.de
www.hof.de/tourismus

Lohnenswerte Schlenker 4

Untreusee

Eine Oase am Rande von Hof

Länge des charmanten Umweges: 3,4 km

Gerade im Sommer sehnt man sich doch bei so mancher Radtour nach einer Abkühlung. Da kommt der Untreusee im Süden der Stadt Hof wie gelegen. Der rund zwei Kilometer lange und 700 Meter breite Stausee bietet nicht nur herrliche Badeplätze, sondern ist auch für sämtliche Wassersportarten freigegeben. Ob Schwimmen, Rudern, Segeln, Surfen oder Angeln – alles, was nicht motorisiert ist, darf hier ins Wasser. Kein Wunder, dass das Naherholungsgebiet nicht mehr nur Einheimische anzieht. Aber keine Sorge, auch wenn hier mal richtig viel los ist, findet man noch ein ungestörtes Plätzchen am Seeufer. Wer sich außerhalb des Wassers austoben will, findet entlang des sechs Kilometer langen Rundwanderweges Spielplätze, ein Volleyballfeld, einen Basketball Court und sogar eine Minigolfanlage. Besonderes Highlight: Seit 2005 gibt es ganz in der Nähe einen abwechslungs-

Untreusee nahe Hof

Der Untreusee von oben

reichen Kletterpark mit einem Flying Fox über den Untreusee.

Fragt sich bloß noch, was es mit dem ungewöhnlichen Gebilde auf der klei-nen Insel auf sich hat, die regelmäßig die Spaziergänger in ihren Bann zieht. Es handelt sich hier um eine dreiteilige kinetische Windskulptur des Worm-ser Künstlers Hans-Michael Kissel. Der Wind bringt die Aluminiumflügel des Objektes in Bewegung und sorgt so für immer neue Formen.

Kletterpark Untreusee

Essen, Trinken & Durchatmen

Ein kulinarischer Abzweig

METZGEREI SCHILLER UND DIE HOFER WURSTWAREN

Sowohl Schwimmen als auch Radfahren machen definitiv hungrig. Wie gut, dass Hof auch kulinarisch ein heißer Tipp ist. Vegetarier und Veganer müssen jetzt allerdings stark sein, denn die Stadt in Oberfranken ist bekannt für ihre feinen Wurstspezialitäten. Ursprünglich verarbeiteten die Landmetzger die gut gefütterten Schweine der Bauern zu den besonderen Wurstwaren. Im Laufe der Zeit ließen sich einige von ihnen auch in der Stadt nieder und brachten die Spezialitäten ins Zentrum von Hof. Heute kann man die herrlichen Kochwürste, die Hausmacher Leberwurst oder den Hofer Leberpresssack bei zahlreichen traditionellen Metzgern genießen. Perfekt für eine deftige Brotzeit. Besonders zu empfehlen ist die Metzgerei Schiller in der Ludwigstraße, direkt in der Altstadt. Schon seit der Jahrhundertwende wird hier das Handwerk von Generation zu Generation und Filiale zu Filiale weitergegeben.

Metzgerei Schiller

Filiale Ludwigstraße 28
95028 Hof
+49 9281 7308121

Öffnungszeiten:
Mo – Fr 6:30 – 18 Uhr
Sa 6:30 – 13 Uhr

5 Schlenker & Highlights

63 **km**

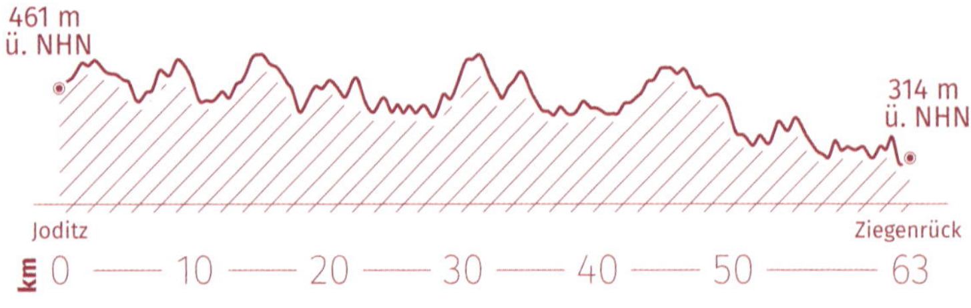

Die romantische Landschaft des Dichters Jean Paul

Schloss Burgk

Nach Joditz beschreibt die Saale einige ihrer reizvoll bewaldeten Schlingen und auch der Radweg lässt sich mit mäßiger Steigung ausführlich genießen. Eine langgezogene Linkskurve durch den Ort Lamitz und an der nächsten Weggabelung rechts über die Hang- und Höhenwege an der Weißenbachmühle vorbei, Linkskurve durch Untertiefengrün und dort rechts Richtung Hirschberg.

Kurz vorher triffst du hier die Saale wieder und der Uferradweg geht noch vor Hirschberg links ab, ein Besuch ist aber allein schon für einen Blick vom schlichten **Barockschloss am Lohberg** empfehlenswert. Die kleine Stadt selbst stapelt sich terrassenartig an die Saale, staut den Fluss zu einem kleinen See für Tretboote auf, eine Gondel führt auf den Lohberg, von dort blickst du vom steilen Felsen majestätisch über die Altstadt, das Saaletal und den weitläufigen Frankenwald. Auch dem Verlauf der ehemaligen innerdeutschen Grenze kann von oben strategisch gut nachgespürt werden – das **„Grüne Band“** 5 zieht sich durch den Landschaftspark Hag am Saaleufer, heute statt SM-70 Selbstschussanlagen und PPM-2 Bodenminen mit angenehmen Wanderwegen und der längsten Sitzbank Thüringens ausgestattet. Unweit des Schlosses bewachte um 1280 schon eine Burg die strategisch wichtige Furt über die Saale. Das Bauwerk begann ab 1664 zu verfallen, dem stolzen Bronzehirsch unterhalb der Burg verdankt die Stadt aber bis heute ihren Namen. 500 Jahre lang prägt die Lederverarbeitung das wirtschaftliche Bild der Stadt, im

Wissenswertes im Gepäck 5

Die ehemalige DDR-Grenze

zwischen Bayern und Thüringen

Exakt 1.378 Kilometer befestigte Grenzanlagen trennten die Bundesrepublik Deutschland (BRD) und die DDR (Deutsche Demokratische Republik) bis zum Mauerfall 1989. Den genauen Verlauf der sogenannten „Demarkationslinie“ zwischen der westlichen und der Sowjetischen Besatzungszone verhandelten die Siegermächte nach dem Ende des Zweiten Weltkriegs in zähen Konferenzen zentimetergenau. Ab 1949 verläuft die innerdeutsche Grenze vom Dreiländereck Bayern – Sachsen/DDR – Tschechoslowakei (CSSR) im Süden bis zur Lübecker Bucht an der Ostsee

Ehemaliger DDR-Grenzübergang Hirschberg

im Norden Deutschlands. Nach dem Fall der Mauer in der Nacht des 9. November 1989 wird das einstige militärische und politische Sperrgebiet als „Grünes Band“ zu einer geschützten Ökozone durch das nun wiedervereinte Deutschland umgestaltet.

Der Grenzüberganz bei Hirschberg war einer von wenigen, der in beide Richtungen auch mit Kraftfahrzeugen passierbar war. Hier verband die Saalebrücke Rudolphstein die beiden Teile Deutschlands. Nachdem deutsche Truppen 1945 einen der Pfeiler gesprengt hatten, wurde sie erst 20 Jahre später restauriert. Auf einem der letzten Todesmärsche im April 1945 trieben die Wärter Häftlinge vom KZ Buchenwald zum KZ Flossenburg durch den Ortsteil Sparnberg und durch die Saale – die Brücke war da schon gesprengt worden. Am Friedhof von Sparnberg erinnern bis heute zwei Steine an die hierbei umgekommenen Häftlinge.

Wissenswertes im Gepäck 6

Bergbau und Hüttenwesen Thüringen

Die strahlende Zukunft

Großtagebau Kamsdorf

Seit der ersten Besiedelungswelle im frühen Mittelalter prägt der Bergbau die Thüringer Landschaft. Die vorherrschenden Gesteinsschichten sind reich an Edelmetallen, Mineralien und Kalisalzen. Vielerorts gräbt man einfach ein Loch, bis zu 30 Meter tief, es gibt tausende dieser nicht risskundigen Stollen. Erst seit dem 17. Jahrhundert verpflichtet das Berggesetz zur Risswerkführung, etwa 5.000 Altbergbauanlagen sind in Thüringen seitdem bekannt, viele andere werden erst als sogenannte „Tagesbrüche" sichtbar. In den meisten Fällen ohne Eigentümer oder Rechtsnachfolger, ganze Ortsteile im Landkreis Saalfeld-Rudolfstadt sind davon betroffen, auch der Saaleradweg erzählt davon. In Kamsdorf, eine halbe Fahrradstunde westlich von Saalfeld, kann man sogar mit dem Bike durch ein Bergwerk fahren und in Saalfeld selbst eine Feengrotte 11 bestaunen (Kapitel 3) - allerdings ohne Fahrrad.

Als 1789 bei Johannesgeorgenstadt erstmals Uran entdeckt wird, hat das noch keine allzugroßen Folgen für den Bergbau in Sachsen und Thüringen, man weiß noch nicht so genau, was damit anzufangen. Ab 1820 wird Uran primär zum Färben von Glas verwendet, leuchtendes Geschirr war schnell der letzte Schrei. Erst als 1930 der erste Atomkern gespalten wird, wird das Gestein auch militärisch interessant. Doch erst nach dem Einsatz der

Ehemalige Schmelzhütte Kamsdorf

amerikanischen Atombombe 1945 beginnt die Sowjetunion unter dem Tarnnamen SAG Wismut fieberhaft mit der Förderung von Uran im Erzgebirge. Anfang der 50er-Jahre werden auch im Thüringer Wald und Thüringer Schiefergebirge kleine Uranvorkommen gefunden – etwa die Lagerstätte Dittrichshütte westlich von Saalfeld. Bis 1954 werden allein hier 112,65 Tonnen reines Uran erzeugt – der durchschnittliche Gehalt der abgebauten Erze liegt bei gerade mal 0,032%. Der Bergbau hinterlässt massive Umweltschäden, erst nach der Wende wird der Uranabbau eingestellt.

20. Jahrhundert ist die Lederfabrik Hirschberg zeitweise der größte Hersteller für feines Schuh- und Sohlenleder in ganz Deutschland. Während des Zweiten Weltkrieges helfen dabei 77 Zwangsarbeiter, 1947 wird die Familie Knoch enteignet und die VEB Lederfabrik bleibt noch weitere 49 Jahre lang der Mittelpunkt der Stadt. Erst 1996 wird das 16 Hektar große Fabrikareal schließlich bis auf das heutige Gerberei- und Stadtmuseum abgerissen.

In der nächsten Ortschaft Rudolphstein hast du die Wahl: Wer es sportlich mag, nimmt die verkehrsreichere Variante links über Eisenbühl nach Blankenstein, begibt sich damit auf die stärkste Steigung bis jetzt und wird dafür in Eisenbühl von Künstler, Professor und Doktor Claus-Frenz Claussen mit Eisenskulpturen im Park belohnt. Allen nicht ganz so wagemutigen Radlern sei an dieser Stelle die gemütlichere Alternative rechts über Pottiga empfohlen:

„Gaia Astralis" im Kunstpark Eisenbühl

In steilen Serpentinen bergab, eine schöne Steinbrücke über die Saale und du erreichst Sparnberg. Nun begleitest du die Saale links auf einem Hangweg, der dich hügelig bis nach Pottiga führt, am Ortskern links wartet am Wachhügel schon ein Aussichtspunkt auf dich. Das Dorf hinter dir lassend, geht es links nach Blankenstein. Die Veste am höchsten Punkt des Berges fand erstmals 1212 schriftliche Erwähnung, vermutlich als Wehrburg zwischen Welfen und Staufern. 1948 wurde das Bauwerk auf Anordnung der Roten Armee gesprengt, nur die Grundmauern und ein kleines Modell der ehemaligen Burg können dort bis heute besichtigt werden. Dem Saaleradweg folgst du durch den Ort und mit einer scharfen Linkskurve in eine lange Rechtskurve erreichst du auch schon **Blankenstein**.

Blick übers Saaletal auf Pottiga

Hier trotzt die Papierindustrie seit 1881 allen wirtschaftlichen Wirbelstürmen, die Zellstoff- und Papierfabrik prägt deutlich das Ortsbild. Nach der Wende besinnt sich Blankenstein seiner Tradition als beliebtes Wander- und Ausflugsziel, mit zahlreichen Fuß- und Radwegen in alle Richtungen. Ein schöner Abstecher empfiehlt sich etwa ins **Höllental**, das sich in wilder Naturschönheit eng und schluchtartig durch das grüne Diabasgestein des Frankenwaldes schlängelt. Ein **Besucherbergwerk** 6 gibt es dort übrigens auch, für eine erfrischende Abkühlung unter Tage.

Mühle bei Sparnek

Verbindungsbrücke über die Bleilochtalsperre

Wissenswertes im Gepäck **7**

Bleiloch Stausee

Seenland aus Menschenhand

Unvorstellbare 215 Millionen Kubikmeter Wasser hält der Bleiloch Stausee. Er ist der größte in ganz Deutschland. Erste Überlegungen zur Flussregulierung hegte man bereits 1890, nachdem ein verheerendes Hochwasser ganze Landstriche wegspülte. Vollendet wurde das beeindruckende Stauwerk jedoch erst 1932, nach ganzen sieben Jahren Bauzeit. Mühlen und Gehöfte mussten weichen, auch Teile von Saalburg und Saaldorf. Infolge der massiven Flutung entstanden fjordähnliche Landstriche, die künstliche Naturschönheit beeindruckt die Besucher so zahlreich, dass Saalburg mittlerweile nicht mehr nur für den Marmorbergbau Bekanntheit genießt.

Von Blankenstein schwingst du dich Richtung Saalburg in den Sattel, die nächsten Kilometer erwarten dich sportlich und naturbelassen. Auf der Harraer Straße rollst du am Papierwerk vorbei nach Harra. Die Dorfstraße führt dich anschließend wendungsreich am Gasthof mit Biergarten vorbei und nach einem halben Kilometer Anstieg folgt die Abfahrt nach Lemnitzhammer. Knapp vier Kilometer Umweg belohnen dich linker Hand mit einem **Moorheilbad 8 in Bad Lobenstein**, geradeaus wartet die **Bleilochtalsperre** 7 dafür schon mit einer mäandernden Saalelandschaft auf – Uferschlammpackung auf Wunsch auch inklusive.

In beiden Fällen trifft man sich unterhalb des Steinbruches wieder und überquert die Obere Talsperre nach Saaldorf. Anschließend schlägt sich der Radweg am Ortsende links in den Wald und führt dich ein langes Stück durch dichten Pilzwald, die Wegbeschaffenheit wechselt dabei abwechslungsreich zwischen Schotter, Asphalt und Betonplatten (Achtung, die Querrillen sind tückisch!). So kommt im grünen Tunnel keinesfalls Langeweile auf, es geht auf und ab, immer den Schildern nach, und wenn eine Kreuzung mit unmarkierten Wegen kommt, fährst du einfach geradeaus. Die erste Brücke über einen der Nebenarme des Stausees bietet ein fantastisches Panorama, einen Hangweg mit Blick auf das Schloss gegenüber und Zugang zum **Freizeitpark Märchenwald**. Einen Seitenarm später ist **Saalburg** erreicht.

Gasthof Kranich in Saalburg

Bis zur Überflutung des Talgrundes 1932 war die Ortschaft ausschließlich für sein Marmorwerk bekannt: Saalburger Marmor „Rot", „Rotbraun", „Graurot" und sogar „Violett" fanden ihren Weg in den Berliner Dom, den Hamburger Michel und über viele weitere Prestigebauten bis nach St. Petersburg. Für dich reicht aber erstmal der Weg nach Kloster, die Ortschaft gleich nach Saalburg. Am Weg kannst du links aber auch erst eine Pause am Sandstrand einlegen oder rechts zur Abwechslung auch mal eine Sommerrodelbahn besuchen. In Kloster gibt es noch eine Ruine und einen seltsamen Rosenstein zu bestaunen, der wie eine Blüte auseinandergefallen ist, dann geht es weiter Richtung Gräfenwarth. Bevor du die Ortschaft erreichst, nimmst du am Wanderparkplatz die Linkskurve zur **Talsperre Bleilochstausee**, die gern auch für ein Foto posiert.

Ein kurzes Stück nach der Talsperre landeinwärts, gibt es wieder zwei Möglichkeiten: die schöne, aber auch anspruchsvollere Saale-Strecke über Burgk oder

die Dörfer-Variante via Möschlitz. Letztere geht rechts ab, quert asphaltiert die sogenannte Eisbrücke und die Talsperre Burgkhammer ins Dörfchen Möschlitz und umgeht das Bergstück via Erkmannsdorf und Eßbach bis zur Saale bei Walsburg. Die Strecke links zum Schloss Burgk verläuft überwiegend auf naturnahem Untergrund und spricht auch eher den Mountainbiker in dir an. Zur Belohnung fährst du am Ende aber immerhin stilecht in das Märchenschloss samt Zugbrücke ein, das kann schon auch was. Von Burgk geht es dann weiter nach Groschwitz und links via Dörflas nach Walsburg. Folgst du nun den sanften Serpentinen der Saale immer weiter flussabwärts, erreichst du mit der fünften Wendung **Ziegenrück**. Und damit das Ende des zweiten Kapitels. Pause verdient, sonst weiterblättern!

Naturdenkmal Steinerne Rose

Lohnenswerte Schlenker 8

Moorbad & Brauerei

Wadenkur im Eisenmoor

Länge des charmanten Umweges: 3,7 km

Bad Lobenstein liegt zwischen den Ausläufern des Thüringer Waldes und des Frankenwaldes im Erzgebirge, wenig weiter liegt mit dem Bleilochstausee das „Thüringer Meer". Reichhaltige Moorvorkommen, eisenhaltige Quellen und das milde und schonende Reizklima führten hier schon 1868 zur Gründung eines Eisenmoorbades. In der ARDESIA-Therme erwartet Erholungsuchende ein Thermalbad mit Saunalandschaft, 18°-37°C warmem Thermalwasser und einem Naturmoor, das vor allem bei Beschwerden des Stütz- und Bewegungsapparates Linderung verspricht. Eine treffliche Gelegenheit, sich hier frei nach dem Motto „Moor-Wasser-Licht" von den Strapazen der letzten Steigungen zu erholen, die müden Waden bei einem Kneippgang zu erfrischen und sich eine wohltuende Moorschlammpackung nach

Freibad Therme Ardesia

Moorkur in der Therme Ardesia

Thüringer Art zu genehmigen. Weil in Bad Lobenstein auch eine Erlebnisbrauerei und ein Bergmuseum über die historische Bierlagerkunst zu besichtigen sind, bietet sich dort anschließend auch noch eine spritzige Elektrolytkur im Vorbeifahren an.

ARDESIA THERME
Parkstraße 8
07356 Bad Lobenstein
+49 36651 3939-200
www.ardesia-therme.de
info@ardesia-therme.de

Thermalbad und Sauna
10:00 – 22:00 Uhr

Cafeteria und Eisgarten
08:00 - 21:30 Uhr

Tageskarte Sauna & Bad K/E – 13/24€
Abendkarte Sauna & Bad K/E (20:00 -22:00 Uhr) – 5/9€

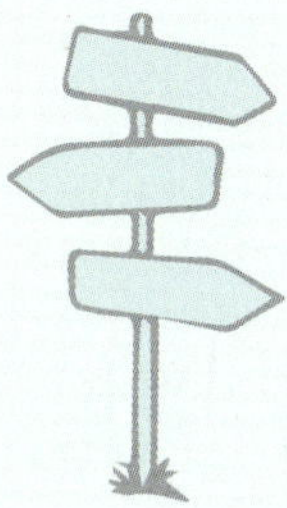

Essen, Trinken & Durchatmen

Ein kulinarischer Abzweig

THÜRINGER ROSTBRATWURST

Die Thüringer Rostbratwurst ist ein echter Klassiker, erstmals lobend erwähnt um 1404. Laut EU-Verordnung ist die mittelfeine Bratwurst min-destens 15 cm lang und wird typischerweise im Naturdarm vom Schwein oder Schaf gewurstet. Mageres Schweinefleisch, Schweinebacken ohne Schwarte sowie feines Kalb- und Rindfleisch werden mit regional überlieferten Gewürzrezepturen (Kümmel, Majoran und Knoblauch) veredelt, die Rohstoffe müssen natürlich aus der Region Thüringen stammen. Das älteste bekannte Rezept ist im Stadtarchiv zu Weimar zu finden, datiert am 2. Juli 1613. Heute ist die legendäre Thüringer Wurstspezialität überall in der Gegend zu finden und wird von erfahrenen Imbissbuden wie dem beliebten Bratwurst Heuschkel in Gräfenwarth liebevoll am Holzkohlegrill zubereitet. Schon Kirchenreformator und Gaumenfreund Martin Luther sowie der große Johann Wolfgang von Goethe fanden lobende Worte zur Wurst – letzterer ließ sich das vorzügliche Thüringer Traditionsprodukt „als mit Majoran gewürzt und ein wenig geräuchert" um 1800 sogar mit der Post nach Weimar schicken.

Bratwurst Heuschkel
Stauseestraße
07907 Schleiz

Geöffnet täglich von 09:00 -18:00 Uhr

Blick vom Bockfelsen auf den Stausee Hohenwarte

3 Schlenker & Highlights

42 **km**

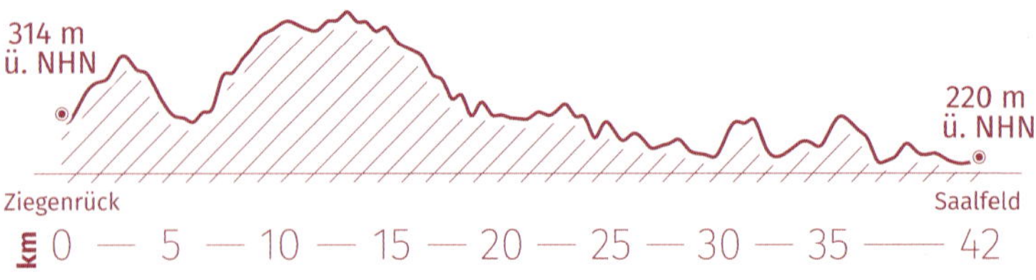

Entlang der deutschen Fjorde

Vielleich hast du eben noch den Lehrpfad im Walderlebnispark auf der Insel Ziegenrück besucht. Nun geht es allerdings weiter auf dem Saaleradweg in Richtung Paska beziehungsweise zur Fähre nach Linkenmühle. Sammle ein wenig deine Kraft, denn kurz nach Ziegenrück, am Wasserkraftmuseum vorbei, wird es für circa zwei Kilometer ein wenig steiler. Auf Anfrage kann von Mai bis Oktober ein Bikeshuttle gebucht werden, wenn du die Fähre benützt. Auch auf der anderen Seite des Flusses kannst du auf Anfrage ein Shuttle buchen, das dich nach Altenbeuthen bringt. Die Gemeinde liegt im Naturpark Thüringer Schiefergebirge/Obere Saale und wartet mit schmucken Häuschen auf, die mit Schiefer verkleidet sind – eine typische Bauform des Thüringer Landes. Das Dörfchen wirkt ein wenig wie aus einer anderen Zeit, ein pittoreskes Fachwerkhaus folgt dem nächsten. Aber auch auf der Strecke nach Drognitz wirst du nach einer kurzen Steigung mit einem Fernblick belohnt, der dir die Weite des Thüringer Waldes vor Augen führt. Perfekte Bedingungen für den nächsten Halt des Saaleradwegs, das Volkskundemuseum im ältesten Bauernhaus des **Ortes Reitzengeschwenda** 9. Du erreichst nun wieder den Stausee und folgst ganz gemütlich der Uferstraße. Nach einer Ausbuchtung des Sees kommst du bei der 75 Meter hohen Sperrmauer Hohenwarte vorbei, bevor du den gleichnamigen Ort erreichst. Die Talsperre hat die Aufgabe, die Stromversorgung sicherzustellen. Sie reguliert aber auch als Teil der sogenannten Saalekaskade den Wasserstand für die Saale-Elbe-Schifffahrt.

Highlights am Wegesrand 9

Volkskundemuseum Reitzengeschwenda

Auf den Spuren ländlicher Wohnkultur

Wie lebte man wohl im 18. Jahrhundert in Thüringen? Was trug man und wie sah die Hausarbeit um 1830 aus? Im Volkskundemuseum Reitzengeschwenda begeben sich die Besucher auf eine Zeitreise durch die deutsche Geschichte. Fünf Gebäude zeigen besondere Exponate, die heute zum Teil kurios erscheinen, damals jedoch ganz alltägliche Gegenstände waren. Das „alte Bauernhaus" ist ein nahezu original erhaltenes Wohnstallhaus, das um 1680 von Johann Friedrich Kacholdt erbaut wurde. Beim Begehen der Räume wird klar, wie einst bis zu zehn Personen gemeinsam mit ihren Tieren unter diesem Dach lebten. Neben dem Wohnhaus gehörten noch eine Scheune, ein kleiner Schweine- und ein Hühnerstall zum Gehöft. Arbeitsgeräte für Viehzucht und Landwirtschaft befinden sich daher ebenfalls unter den Ausstellungsstücken. Es liegt auf der Hand, dass die Bauernfamilien damals noch völlig autark als Selbstversorger lebten. Besonderes Highlight des Bauernhauses sind zudem die liebevoll eingerichteten Zimmer wie etwa die Schlafstube aus der Zeit um 1900, die einen Einblick in die damalige Wohnkultur geben. Schaut man sich

Gehöft Volkskundemuseum Reitzengeschwenda

hingegen die Haushaltsgeräte genauer an, zeigt sich, welchen Luxus wir heute genießen und was etwa ein Wäschetag für die Frauen damals bedeutete. Das war nämlich noch ein richtiger Knochenjob.

Maschinen und Geräte des Ackerbaus finden sich in der 1803 erbauten Scheune. Für Bastler besonders interessant ist wahrscheinlich der Eigenbau-Traktor, der aus Bauteilen diverser Fahrzeuge zusammengeschraubt wurde. Im Nebengebäude steht der Bergbau im Fokus. Hier erwartet die Besucher eine umfangreiche Ausstellung samt Mineraliensammlung. In der Sägemühle, die heute ein technisches Denkmal ist, wurden von 1925 bis Anfang der 90er-Jahre Bäume zu Bohlen und Brettern verarbeitet sowie bis 1970 Getreide geschrotet. Danach war die Arbeit nicht mehr rentabel und musste eingestellt werden.

Das letzte der fünf Museumsgebäude ist die von 1700 bis 1711 erbaute Dorfkirche. Die außergewöhnlichen Deckenmalereien, zwei Emporen sowie die barocke Kanzelwand machen sie zu einem besonderen Highlight zum Abschluss der Museumstour. Übrigens: Die knapp 250 Jahre alte Orgel ist nach wie vor voll funktionsfähig und begeistert Besucher noch heute mit ihrem Klang.

Kirche Reitzengeschwenda

Volkskundemuseum Reitzengeschwenda
Ortsstraße 24
07338 Drognitz
+49 36737 22294

Öffnungszeiten:
Mo – Mi nach Vereinbarung,
Do 13 – 17 Uhr
Fr – Sa 10 – 12 Uhr und 13 – 17 Uhr,
So 13 – 17 Uhr

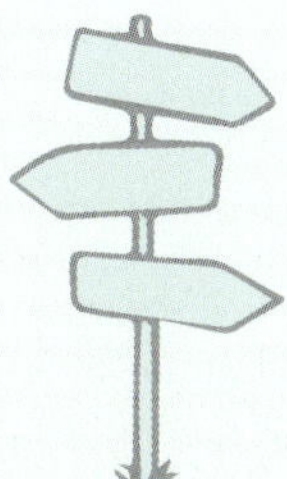

Mit dem Tretboot auf dem Thüringer Meer

Lohnenswerter *Schlenker* 10

Stauseeschifffahrt Hohenwarte

Vom Rad übers Thüringer Meer

Wer denkt, im hohen Norden Europas gelandet zu sein, der irrt. Wir befinden uns immer noch in Thüringen. Doch durch den Bau der Hohenwarte-Talsperre in den 30er-Jahren entstand eine fjordähnliche Landschaft mitten in Deutschland – da kann es ja schon mal zu Verwechslungen kommen. Mit einem Speicherraum von rund 182 Millionen Kubikmetern Wasser ist die Hohenwarte-Talsperre tatsächlich die viertgrößte in Deutschland. Die hier angestaute Saale schlängelt sich umgeben von Bergen durch das Tal und schuf im Laufe der Zeit ein einmaliges Erholungsgebiet. Die herrlich bewachsenen Ufer und Wälder rings-um machen den Hohenwarte-Stausee zudem zu einem der schönsten Stauseen Deutschlands. Besonders gut lässt sich diese einzigartige Kulisse übrigens bei einer Schiffsrundfahrt genießen. Verschiedenste Routen zeigen die Besonderheiten sowie die schönsten Buchten des sogenannten „Thüringer Meers". Direkt an der Sperrmauer gehen die Seeleute an Deck, dort gibt es im Übrigen auch einen großen Parkplatz, falls man mal nicht mit dem Rad, sondern mit dem Auto anreist.

fahrt (10) **auf dem Stausee** machen, die Fahrgastschifffahrt Hohenwarte bietet in den Sommermonaten 1,5 Stunden lange Fahrten an.

Nach dem Ort siehst du die mächtigen Rohre des Speicherkraftwerks, das Tal öffnet sich wieder und du radelst entlang des Stauwassers zur nächsten Talsperre Eichicht. Spannend auch hier der geschichtliche Kontext der Schifffahrt. Vom 13. bis in die Mitte des 20. Jahrhunderts wurden allerlei Güter von hier bis Halle mit Flößen auf der Saale transportiert, allen voran Hölzer. Die Baumstämme kamen aus dem westlichen Frankenwald, aus dem Schwarzatal und auch direkt vom Ufer der Saale und wurden mit Hilfe von Pferdegespannen zum Wasser gebracht. Dort wurden sie zusammengebunden und in das Main- und Rheingebiet und auch nach Norddeutschland gebracht. Ziemlich gefährlich, vor allem bei Fahrten über Wehre: Durch die Höhenunterschiede tauchten die Flößer zum Teil tief in das Wasser ein, Wasserstrudel und lose Stämme taten ihr Übriges. Wochenlang waren die Flößer unterwegs, zurück nachhause kamen sie per pedes.

Eine Fähre über den Stausee Hohenwarte

Lohnenswerter *Schlenker* 11

Saalfelder Feengrotten

Reise in eine andere Welt

Fossil in den Feengrotten

Geradezu magisch leuchten die Felswände in unzähligen Farben. Tropfsteine geben den Grotten ein fremdartiges Aussehen. Man hat das Gefühl, in eine völlig neue Welt einzutauchen – es scheint also gar nicht so abwegig, dass hier auch Feen hinter den Gesteinen lauschen. Schon zur Eröffnung im Jahr 1914 erhielt das Schaubergwerk daher den Namen Feengrotten.

Auf drei Sohlen – so nennt man die Stockwerke in einem Bergwerk – erstrecken sich die mystischen Höhlen und ziehen schon seit mehr als 100 Jahren etliche Besucher in ihren Bann. Dabei war die Wiederentdeckung der alten Stollen eher ein glücklicher Zufall. Schon um 1530 begann der aktive Bergbau rings um die heutigen Feengrotten. Auf der Suche nach Erz fanden die Bergleute ein neuartiges Gestein, durch dessen Auslaugung sich unter anderem Alaun zum Gerben von Leder gewinnen ließ: der Alaunschiefer. Nach einer eher wenig gewinnbringenden Zeit brachte die Industrialisierung den Abbau schließlich um 1850 zum Erliegen. Dann war Stille im Bergwerk. Bis 1910 der fast vergessene Stollen wiederentdeckt wurde. Otto Wohlfahrt und sein Team fanden im Berginneren eine faszinierende Tropfsteinwelt, die in weniger als 300 Jahren durch das mineralhaltige Tropf- und Quellwasser entstanden war. Doch erst der nächste Besitzer, der Berliner Bankkaufmann Adolf Mützelburg, erkannte das tatsächliche Potenzial der Grotten und machte sie in Form eines Schaubergwerks der Öffentlichkeit zugänglich. Das Besondere der Saalfelder Feengrotten ist die Farbenpracht, die durch das eisen- und mineralreiche Milieu entstanden ist. Das brachte ihr auch 1993 einen Eintrag im Guinness-Buch der Rekorde für „die farbenreichste Schaugrotte der Welt" ein.

Märchendom in den Feengrotten

Schaubergwerk Feengrotten bei Saalfeld

Saalfelder Feengrotten und Tourismus GmbH
Feengrottenweg 2
07318 Saalfeld
+49 3671 55040
kundenservice@feengrotten.de
www.feengrotten.de

Öffnungszeiten:

01.02.2022 – 08.04.2022
täglich 11 – 15:30 Uhr

09.04.2022 – 31.10.2022
täglich 10 – 17 Uhr.

Der Saaleradweg biegt nach einem Holzlagerplatz landeinwärts ab, du querst das Flüsschen Loquitz, zum Teil ist der Weg nun recht grob geschottert, dafür bieten sich hoch über dem Saaletal tolle Ausblicke in die Landschaft an. Zurück im Tal siehst du alsbald die Kirche von Breternitz, danach folgt ein kurzer, steiler Anstieg. Du erreichst den Ort Weischwitz, ein weiteres Musterdörfchen an Fachwerkshäusern. Du radelst nun durch ein Stück ruhiger und gemächlicher Natur, bevor du die Industriezone von Saalfeld erreichst. Die bergige Strecke der Saale hast du nun hinter dir gelassen. Vor Saalfeld radelst du erst durch die Ortschaft Reschwitz, es wird nochmals kurz steil. Dann erreichst du das Thüringer Schokoladenwerk, hier wurde bis zur Wende die bekannte, ehemals ostdeutsche Schokoladenmarke „Rotstern“ produziert. Vor der

Ansichtskarte 1920: Reschwitz und Weischwitz

Fachwerkhaus in Weischwitz

Sudstadtbrücke biegst du links ab und nach der Schule rechts radelst du dem Uferweg vorbei am Pioniersteig in das Stadtzentrum von Saalfeld. Die bekannteste Sehenswürdigkeit der 75.000-Einwohner-Stadt ist **die Feengrotte** **11**. Mediale Aufmerksamkeit erreicht Saalfeld auch jährlich durch einen mit 10.000 Eiern geschmückter Ostereierbaum.

Marktplatz in Saalfeld

Essen, Trinken & Durchatmen

Ein kulinarischer Abzweig

DAS SAALFELDER SCHOKOLADENWERK

Richtig gelesen, in Saalfeld wird nämlich schon seit 1901 Schokolade hergestellt – und zwar von keinem geringeren Hersteller als der Stollwerk GmbH. Zu den bekannten Marken des Unternehmens gehören unter anderem Sarotti, Eszet und die Schwarze Herren-Schokolade. Im Saalfelder Werk entsteht heute eine bunte Palette an Schokoladenprodukten, zum Beispiel Trüffel in verschiedenen Geschmacksrichtungen, Bonbons, Nougat- und Marzipanspezialitäten, klassische Schokoladentafeln mit oder auch ohne Zusätze sowie saisonale Artikel zu Weihnachten und Ostern. Es wird sich allerdings schwierig gestalten, hier eine Leckerei aus der Produktion zu stibitzen. Auf die Schokoladen-Produkte müssen Besucher trotzdem nicht verzichten. Denn auf dem Fabrikgelände gibt es gleich zwei Verkaufsstellen, die für den gewünschten Zuckerrausch sorgen: die Schokoscheune und der Sarotti-Shop.

Stollwerk Werksverkauf
Neumühle 1
07318 Saalfeld
+49 3671 8210
info@saalfeldschokolade.de

Durch das Land der Schlösser

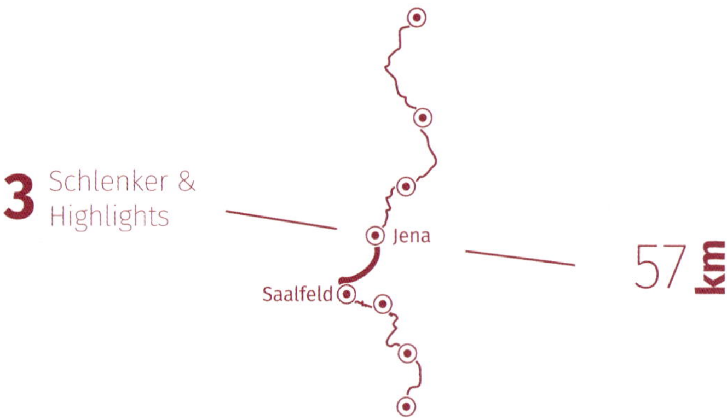

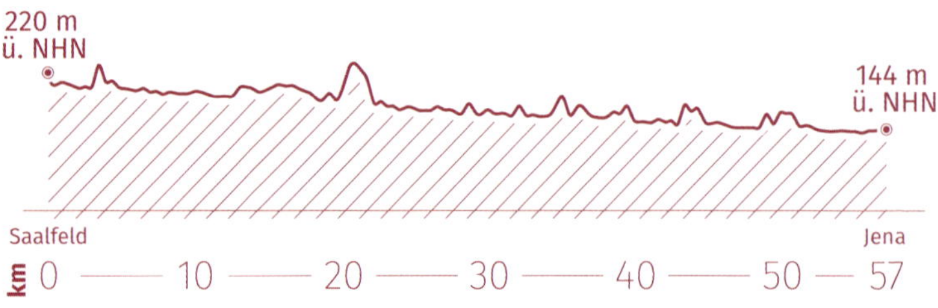

in die Lichtstadt

Stadt Jena

Via Carl-Zeiss-Straße gelangst du in Saalfeld von der Brücke Bahnhofstraße wieder zum Uferradweg an der Saale. Dieser führt uns im nächsten Kapitel nun nordwärts und über fast 60 Kilometer sanfter Flusslandschaften bis nach **Jena** 12. Das Panorama dominieren nun weite Felder, sanfte Hänge lockern das sonst sehr entspannte Wegstück aber doch mit ein paar wenigen Steigungen auf. In Jena treffen wir dann auch Carl Zeiss wieder, der seine weltberühmte Qualitätsoptik dort 1846 aus der Taufe hob. Unterwegs empfiehlt sich auch ein Abstecher zur vortrefflich erhaltenen **Leuchtenburg** 13, im Naturschutzgebiet am Dohlenstein wartet dafür Wander-Abwechslung in allen Facetten von Grün, während das **Schillerhaus** 14 in Rudolstadt sich vornehmlich der literarischen Spurensuche rund um den berühmten deutschen Dramatiker verschreibt.

Die Saale bei Saalfeld

Wissenswertes im Gepäck **12**

Zeitreise durch die Lichtstadt

Jena ist eine pulsierende Stadt. Hier liegen Alt und Neu nicht nur architektonisch ganz nah beieinander, die Universitätsstadt atmet förmlich Geschichte. Am Marktplatz im kleinen Milleu sind um die Statue des Uni-Gründervaters (in voller Rüstung) sämtliche Epochen der Stadtgeschichte versammelt: Hier steht etwa die imposante Kirche zu St. Michael, wo schon Kirchenreformator Martin Luther predigte. Stolze 72 Meter inklusive Goldkreuz, ihr Konterfei schmückt bis heute das Stadtwappen. Wenig weiter das altehrwürdige Jenaer Rathaus, mit über 600 Jahren eines der ältesten der deutschen Lande. Die Dachbalken datieren das Jahr 1413, mit dem historischen Uhrenspiel „Schnapphans" unter der barocken Turmhaube.

Wer den Jenatower erklimmt, genießt von oben malerische Weitblicke über die Stadt sowie die üppige Natur im mittleren Saaletal bis hin zur Leuchtenburg. Man blickt über das Damenviertel aus der Gründerzeit, wo der Jugendstil seine schönsten Spielformen zeigt, zwischen historischem Fachwerk glänzen moderne Bauhausbauten und im Botanischen Garten steht das dienstälteste Projektionsplanetarium der Welt. Gleich daneben präsentiert sich das weitläufige Zeiss-Werk – natürlich mit eigenem Werksplanetarium und einem der ersten deutschen Hochhäuser. Etwas weiter am Horizont: das riesige Schott-Glaswerk, das eng mit Zeiss zusammenarbeitete. Im Denker- und Dichterviertel verkehrten hingegen Schiller, Goethe, Hegel und der Frühromantiker Novalis, in der Universitätsbibliothek lagern entsprechend wertvolle Literaturschätze. Ein Spaziergang durch die exakt 400 x 500 Meter große Altstadt verführt auf Schritt und Tritt zum Schwelgen und Staunen – scheu an Inspirationen aller Art ist Jena also bis heute nicht.

Blick auf Jena und den Jentower

Carl Zeiss und die Wissenschaft

Carl Zeiss prägte Jena wie kein zweiter. 1846 eröffnet der damals gerade 30-jährige Universitätsmechanikus in der Neugasse 7 eine kleine optische Werkstätte. Der ambitionierte Perfektionist sucht verbissen nach Möglichkeiten, die „Pröbelei" (das Zusammenprobieren verschiedener Linsen) mit exakten Berechnungen zu ersetzen. Dafür holt er ab 1866 den Jenaer Physikprofessor Ernst Abbe ins Boot, der nach jahrelangen Rückschlägen schließlich den mathematischen Durchbruch für Mikroskope berechnet. Gemeinsam holen sie infolge den begabten Chemiker Otto Schott nach Jena, um besseres Glas für ihre hochpräzisen Linsen zu schmelzen. Der Rest ist Erfolgsgeschichte. Im Zweiten Weltkrieg beschäftigt das Zeiss-Werk tausende Zwangsarbeiter, sponsert die Rassenforschung an der Uni Jena und wird 1948 im DDR-Imperium verstaatlicht und die Wissenschaft geht weiter: Mit modernster Halbleitertechnik fertigt man 1955 den ersten Computer der DDR – er heißt OPREMA. Auch das leistungsstarke Sonnenteleskop auf dem Berg Izaña auf Teneriffa zählt zum Erfolgsportfolio Zeiss – es heißt GREGOR. Seit dem ersten Planetariumsprojektor für das Deutsche Museum 1923 wurde die Technologie konstant weiterentwickelt – so ist der Name Zeiss bis heute ein Qualitätssiegel für präzise Hochleistungsoptik.

Carl Zeiss

Lohnenswerter *Schlenker* 13

Die Leuchtenburg

Die seit 1221 beeindruckend gut erhaltene Leuchtenburg nennt man nicht von ungefähr die „Königin des Saaletales“. Majestätisch blickt sie über die Universitätsstadt Jena und beherbergt neben der bewegten Burggeschichte auch die Porzellanwelten-Ausstellung, die dem weltberühmten Keramik-Kunsthandwerk der Gegend ein würdiges Denkmal setzt. Zeit ihres Bestehens wurde die Burganlage als Amtssitz, Hotel, Armen-, Irren- und Zuchthaus genutzt, ihr Name geht auf den lichten, kaum bewaldeten Berg zurück. Im Jahre 2000 wird der historische Saaleweinbau am Fuße des Berges wiederbelebt, heute kann man die edlen Tropfen stilecht in der Burgschänke verkosten. Besonders sehenswert: Die nach Entwürfen des Libeskind-Schülers und Architekten Michael Brown modern restaurierte Porzellankirche mit einem ungewöhnlichen Lamellenvorhang aus technischem Porzellan, der vom Boden bis zur Decke reicht. Die liebevolle Pflege der Bausubstanz und ihr bestens erhaltenes Erscheinungsbild machen die Leuchtenburg auch immer wieder zur Kulisse moderner Filmproduktionen. Wer die Burg einmal in ihrer ganzen Pracht gesehen hat, wird sie dann jedenfalls auch unter falschen Fernsehnamen schnell wiedererkennen (etwa als „Burg Schwanitz“ beim „Tatort“).

Leuchtenburg
Dorfstraße 100
07768 Seitenroda
+49 (0) 36424 7133-00
info@leuchtenburg.de
leuchtenburg.de

Öffnungszeiten:
April - Oktober täglich 9 – 18 Uhr
November – März täglich 10 – 17 Uhr

Die Leuchtenburg

Ansichtskarte von Erwin Spindler

Ab Saalfeld lässt der Radweg dich nun gemütlich rollen, für die drei Steigungen bis Rudolstadt reicht auch etwas Anlauf. Feinschichtige Felswände säumen das Wegstück an der Saale, hier werden die unzähligen Sedimentschichten besonders eindrucksvoll sichtbar. Ein paar Kilometer sind es bis Rudolstadt, einmal wechselt man auf halber Strecke die Saaleufer, nach der Brücke nicht verwirren lassen, der Weg führt gleich an der nächsten Möglichkeit links an die Saale zurück.

Highlights am Wegesrand 14

Schillernde Geschichten

Das Literaturmuseum in Rudolstadt

Das Literaturmuseum Schillerhaus in Rudolstadt widmet dem deutschen Dramatiker eine eindrucksvolle Spurensuche. Hier lebte einst Familie Beulwitz von Lengefeld – mit regelmäßigen Besuchen prominenter Geistesgrößen: Man kannte die Gebrüder Humboldt gut und Schrift-steller wie Herder oder Fichte. Den Sommer 1788 verbrachte Schiller im Beulwitzschen Haus und verliebte sich dabei wohl auch ein bisschen in die beiden Töchter Charlotte und Caroline. Am 7. September des gleichen Jahres begegnen sich hier auch erstmals Goethe und Schiller.

Das Museum spürt den freundschaftlichen Beziehungen zwischen dem Dichter und der Familie nach und rekonstruiert die spannende Begegnung der beiden vielleicht bedeutendsten deutschen Literaturgrößen. Zum Inspirieren und Nachdenken ist im Museumsbau übrigens auch ein gemütliches Gasthaus mit Biergarten untergebracht.

Büste beim Schillerhaus Rudolstadt

Schillerhaus Rudolstadt
Schillerstraße 25
07407 Rudolstadt
+49 (0) 3672 486-470
schillerhaus.rudolstadt.de
schillerhaus@rudolstadt.de

Öffnungszeiten:
Mi – Sa 15 - 22 Uhr
So 11 - 18 Uhr

Schloss Heidecksburg

Nach einer Papierfabrik führt vor Unterpreilipp ein Steg über die Saale und in das Industriegebiet von Rudolstadt. Es gibt durch die langgezogene Saalestadt viele Wege, denn sie folgt dem Flusslauf um eine weite Rechtskurve. Du behältst die Saale im Blick, wechselst über die Schillerbrücke zum anderen Ufer und folgst der Saale am **Thüringer Bauernhofmuseum** und am Saalestrand vorbei, durch Catharinau und Kolkwitz. Zumindest für einen neugierigen Blick in den Innenhof solltest du beim **Schloss Weißenburg** kurz aus dem Sattel steigen, dann erreichst du auch schon die Bundesstraße in Weißen. Diese führt dich nach Kleinkrossen, wo du erneut die Saale kreuzt und nun der Schienentrasse der Saalebahn bis zur nächsten Brücke in Zeutsch folgst. Eine Flussquerung später geht es über Niederkrossen nach Freienorla. Durch den Ort, am Gasthof Schwan links ab und zurück zum Saaleradweg, wo du nach den beiden Örtchen Kleineutersdorf und Löbschütz mit einer steilen Abfahrt schließlich Kahla erreichst.

Blick auf Kahla von der Leuchtenburg

Die Porzellanstadt liegt auf der linken Saaleseite, für einen Besuch musst du nur nach dem Freibad über die Brücke. Du kannst an der Brücke allerdings vorab noch einen lohnenswerten Schlenker nach rechts einlegen und die mittelalterliche **Leuchtenburg** samt Porzellanmuseum besuchen. Entscheidest du dich dann für Kahla, empfiehlt sich nach der Brücke eine Schleife nach rechts, ent-lang der Stadtmauer, am Schloss und der Porzellanmanufaktur vorbei, über den Markt und wieder zur Brücke. Dann hast du in Kahla eigentlich alles gesehen und kannst dich wieder dem Radweg widmen. Der führt von besagter Brücke nun weiter nordwärts, auf wunderschönen Wegen unter dem imposanten Dohlenstein entlang, der sich hier stolze 200 Meter über das Saaletal erhebt. Umgeben von einem üppigen Naturpark- und Wandergebiet mit erstaunlich hochgebirgsartigen Bergpfaden.

Dem waldwegartigen Streckenverlauf folgst du nun bis Großpürschütz, wo du wieder die Saaleseite wechselst, und nun wieder asphaltiert bis Schöps weiterstrampelst. Nun nimmst du eigentlich schon Anlauf auf Jena und durchfährst die Vororte Ölknitz und

Blick auf Jena

Die Leuchtenburg und der Dohlenstein

Rothenstein, das Industriegebiet in Maua kannst du getrost rechts umfahren, dann begleitet dich die Saale direkt in die berühmte **Lichtstadt**. Jena schmiegt sich zwischen sanften Hügeln wunderschön in das üppige Saaletal, vom Jentower fügt sich das Rot der Ziegeldächer pittoresk ins Grün der Landschaft.

Der Jentower

Essen, Trinken & Durchatmen

Ein kulinarischer Abzweig

FRITZ MITTE BITTE!

Schöner snacken mit state-of-the-art Streetfood? In Jena ist das sogar zweimal möglich, wahlweise in der Neugasse (wo einst schon Carl Zeiss sein Startup zündete) oder am Johannisplatz. Für den schnellen Bike-Boxenstop serviert das Fritz Mitte in beiden Fällen gerne auch zum Mitnehmen für die Satteltasche. Beide Filialen verstehen sich als Downtown-Deli und machen damit eine exzellente Figur: Amerikanischer Fliesen-Chic kredenzt im Burger nur das Beste vom Beef und – natürlich – auf edlem Porzellangeschirr. Das ist man dem Keramik-Kunstwerk der Gegend schon von Seiten der Geschichte schuldig. Das Bodenständige kommt hier nämlich immer in allerbester Qualität auf den Tisch, man kann Frühstücken, Mittag- und Abendessen, nur einen Kaffee trinken oder gleich alles mit nach Hause nehmen.

Fritz Mitte Street Food
Neugasse 5
07743 Jena
+49 (0) 3641 3474797
fritzmitte.de

Fritz Mitte Fine Food
Schlossgasse 20
07743 Jena

Auf den Spuren der schönsten Frau

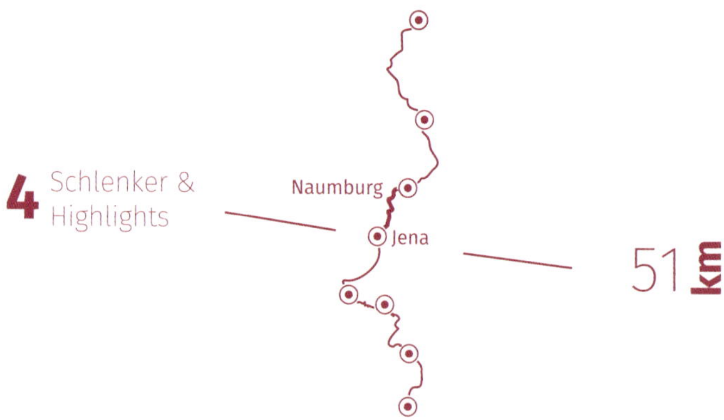

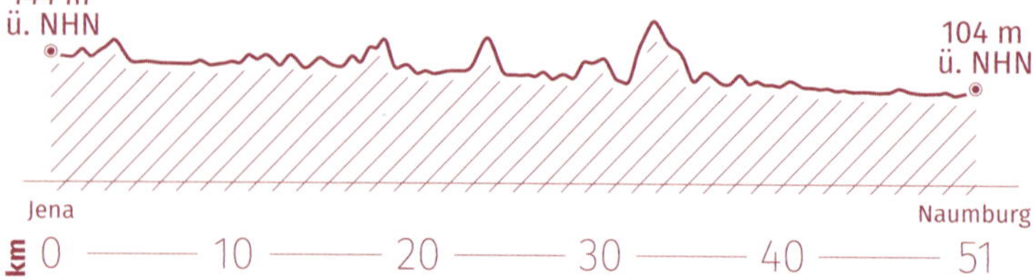

des Mittelalters

Jena (12) hat so einiges zu bieten. Wenn du Lust auf eine Stadtbesichtigung hast, querst du die Paradiesbrücke und gelangst so in das Zentrum. Goethe hatte die Aufsicht über die Universität der Stadt, an der sein Dichterkollege Schiller lehrte. Aber auch die Philosophen Fichte, Schelling, Novalis und Hegel lehrten hier. Ziemlich viel geistiges Kapital, das sich auch in diversen Bauwerken widerspiegelt. Das älteste Planetarium der Welt solltest du dir in jedem Falle nicht entgehen lassen! Aber auch der Botanische Garten mit über 10.000 Pflanzenarten aus allen Klimazonen ist einen Besuch wert.

Du verlässt nun Jena wieder entlang der Saale und querst eine Brücke, die dich aus dem Stadtgebiet leitet. Du erreichst Kunitz, querst erneut die Saale über die überdachte Kunitzer Holzbrücke und gelangst so an den Rand des Landschaftsschutzgebietes „Mittlere Saale“. Das Saaletal von Jena abwärts geizt wirklich nicht mit seinen Reizen: Wellenkalkberge schneiden tief in das Flusstal ein, die „welligen“-runzeligen Schichten muten wie Stufen im Fels an. Abgelöst werden die steilen Felshänge in der Höhe von einer eingeebneten Landschaft, die durch ihre mediterrane Vegetation fast ein wenig „italienisch“ wirkt. Passend, dass hier auch Wein angebaut wird – auch wenn viele Weinliebhaber bei deutschem Wein vielleicht nicht zuerst an Thüringen denken. Doch in Thüringen gibt es elf zugelassene Weinanbaugebiete, die mindestens fünf Hektar Fläche haben. Die Sorten Grauburgunder, Müller-Thurgau, Weißburgunder und Riesling füllen jährlich die Flaschen.

Lohnenswerte Schlenker 15

Der Naumburger Dom

UNESCO-Weltkulturerbe

Gut 20 Jahre Arbeit und drei Anträge hat es gedauert, 2018 war es dann soweit: Bei einer UNESCO-Sitzung in Bahrein wurde der Naumburger Dom zum Weltkulturerbe. Darin ist Sachsen-Anhalt an sich schon ein Schwergewicht: Gleich mehrere Bauhaus-Ensembles in Dessau, Luther-Gedenkstätten, das Gartenreich Wörlitz und Quedlinburg als größte deutsche Fachwerkstadt tragen diesen Titel. Der Dom St. Peter und Paul hat in dieser Riege durchaus einiges zu bieten: Ein romanisches Domschatzgewölbe, Glasbilder von Neo Rauch und ein Altarflügel von Lucas Cranach d. Ä. (1472 bis 1553). Und dann wäre da natürlich noch Uta von Naumburg, die „schönste Frau des Mittelalters“. Man trifft auf die lebensgroße Figur aus Muschelkalk im Laufgang des Westchores mit elf weiteren Figuren – acht Männer und vier Frauen aus adeligen Kreisen. Uta verkörpert wohl das Sinnbild einer mittelalterlichen, höfischen Frau. Den Mantel hochgeschlossen, vornehm und ein wenig geheimnisvoll, steht sie neben ihrem Ehemann Markgraf Ekkehard II. Es ist die Gestaltung der Skulptur, die einen Wendepunkt in der Bildhauerei markiert: Uta zieht mit der rechten Hand ihren Kragen halb ins Gesicht und mit der Linken rafft sie ihren Mantel. Es entsteht Dynamik und emotionale Tiefe, die tausende Besucher aus aller Welt anlockten.

Naumburger Dom

Naumburger Dom
+49 (0) 3445-2301-133
www.naumburg-dom.de
fuehrung@naumburger-dom.de

Sommer-Öffnungszeiten
März bis Oktober:
Mo – Sa: 9 – 18 Uhr
So & Feiertage:
11 – 18 Uhr

Naumburger Dom Ostseite

Du radelst durch die kleine Ortschaft Golmsdorf und erreichst bald darauf Streudnitz. An der Saale querst du die Carl-Alexander-Brücke, eine Stahlbrücke aus dem 19. Jahrhundert, die eine alte Hausbrücke ersetzte, die einem katastrophalen Hochwasser zum Opfer fiel. In Dornburg sind die **Dornburger Schlösser** **16** definitiv eine Besichtigung wert. Aber das Muschelkalkfelsenplateau ist schon seit der jüngeren Steinzeit besiedelt, bekannteste Funde, die das belegen, sind ein Hügelgrab und ein Bronzesichel-Fund südlich des Städtchens.

Karl-Alexander-Brücke bei Dornburg

Du folgst dem Bahnverlauf in das nächste Dorf Würchhausen und dann an Obstbäumen vorbei nach Döbrtischen. Camburg ist deine nächste Station, du bist nun ziemlich genau auf halber Strecke zwischen Naumburg und Jena. Der Saaleübergang war eine wichtige wirtschaftliche Einnahmequelle, die es zu schützen galt. Deswegen wurde vor rund 1.000 Jahren eine sogenannte Höhenburg gebaut, eine Burg, die sich auf einer natürlichen Anhöhe befindet. Erhalten ist heute noch der 37 Meter hohe Bergfried. Hinter Camburg radelst du ein Stück in einem Wald, nach einer Talenge durch Stöbern und dann weiter der Saale entlang in Richtung Kleinheringen. Auf der anderen Seite des Flusses reihen sich Weinreben auf den Hängen der Muschelkalk-Anhöhen aneinander – das Weinanbaugebiet Saale-Unstrut. Ein schöner Anblick, der sich im **Weindorf Kaatschen** auch verkosten lässt. Im Jahr 1219 wurde das Dorf erstmals urkundlich erwähnt. Wegweisend war bereits damals die Nennung eines Weinberges. Heute sind die Weine, die in Deutschlands nördlichstem Weinbaugebiet entstehen – nämlich auf dem 51. Breitengrad gelegen – nach Meinung der Medien und Fachspezialist:Innen besser denn je. Traubenlese von Hand, der Ertrag nicht höher als 5.000 Liter je Hektar, das Mostgewicht (die Dichte von Traubenmost, also die Masse des Mostes im Verhältnis zu seinem Volumen) mindestens 95 Grad Oechsle – da können selbst viele Weine vom Rhein und von der Mosel nicht mehr mithalten.

Rokoko-Schloss in Dornburg

Blick von der Burg Camburg auf das Saaletal

Dornburger Schlösser

Ein Ensemble aus drei Epochen

Das Alte Schloss, das Rokoko-Schloss und das Renaissance-Schloss: Dornburg hat zwar nur knapp 5.000 Einwohner, aber dafür schon seit dem Mittelalter eine stattliche Burganlage auf seinem Muschelkalkfelsenplateau, von dem man weit in die Ebenen Thüringens blicken kann. Das ist vermutlich auch der Grund für diese ungewöhnliche Ansammlung. Das Alte Schloss ist das nördlichste und älteste der drei Dornburger Schlösser. Zwischenzeitlich wurde das Schloss als Baumwollspinnerei und Schule genutzt. Das Rokoko-Schloss ist das mittlere und jüngste der Schösser – es wurde, wie in der damaligen Zeit typisch, als Lustschloss gebaut. Musste aber wegen Baumängel nach kurzer Zeit abgerissen und neu errichtet werden. Johann Wolfgang von Goethe bezog hier zwischenzeitlich Quartier. Das Renaissance-Schloss ist das südlichste Bauwerk des Ensembles und entspricht in seiner Bauweise ganz der Sächsischen Renaissance. Auch hier wohnte Goethe zeitweise, verfasste seine „Dornburger Gedichte" und schwärmte für die liebevoll gepflegten Schlossgärten – sie sind heute noch ein Highlight für Flaneure und Rosenliebhaber.

Museum Dornburger Schlösser
Max-Krehan-Straße 2
07774 Dornburg-Cambur
+49 (0) 3 64 27 - 21 51 30

Öffnungszeiten:
April bis Oktober:
täglich (außer mittwochs) 10 bis 17 Uhr

Du überfährst nun die Grenze zu Sachsen-Anhalt. Die Saale schneidet hier eng in den Unteren Muschelkalk ein, einer Untergruppe des Muschelkalks der Germanischen Trias, der geologischen Hauptbezeichnung des Gesteins. Steile Felshänge und Flusskurven geben der Saale ein sehr ursprüngliches Gesicht. Du querst die Saale nun zweimal, links von dir ragen zuerst die **Burg Saaleck** und ein wenig später die **Rudelsburg** auf. Letztere bedient schon seit dem frühen 19. Jahrhundert die Burgenromantik.

Durchaus nachvollziehbar bei der genaueren Betrachtung des hochmittelalterlichen Baus. So dichtete der deutsche Historiker Franz Kugler 1826 beim Anblick der Burgen folgenden Vers:

An der Saale hellem Strande
Stehen Burgen stolz und kühn,
Ihre Dächer sind zerfallen,
Und der Wind streicht durch die Hallen,
Wolken ziehen d'rüber hin.

Ein Besuch der beiden Burgen ist jeweils mit einem recht steilen Anstieg verbunden, aber durchaus lohnenswert. Im Restaurant der Rudelsburg empfiehlt es sich, mal einen „Thüringer“ Flammkuchen mit Speck, Zwiebel und Rostbratwurst zu probieren. Wem das zu deftig ist, dem sei die Ofenkartoffel mit Kräuterquark empfohlen – eine schmackhafte Wegzehrung für die letzten Kilometer nach Naumburg.

Zuerst mal recht holprig bergab, erreichst du nach einem Stückchen durch einen Wald die Uferpromenade in **Bad Kösen**. Der Name des Brückenorts kommt wohl von einer alten Bezeichnung für einen Flussabschnitt der Saale – Kusantia, „die Wallende“. Der Ort kann auf eine lebhafte Geschichte zurückblicken: Durch ihn verlief die Via Regia, eine west-östlich verlaufende Handels- und Militärstraße im Heiligen Römischen Reich, die das Rheinland über Frankfurt am Main und Leipzig mit Schlesien verband. Aber er galt auch als einer der Hauptflößstationen für den Holztransport stromaufwärts. Im 18. Jahrhundert wurde Bad Kösen außerdem zur Salinenstadt und schließlich zum Bade- und Kurort. Vor der Flussüberquerung kann man der Naumburger Straße (87) nach Osten folgen und die renommierte **Landesschule Pforta** mit Besucherzentrum besichtigen **17**.

Highlights am Wegesrand 17

Schulpforte

Zisterzienser-Kloster und Schule von Nietzsche

Länge des charmanten Umweges: 2,5 km

Kurz nach Bad Kösen an die ältesten Weinberge des Weinbaugebiets Saale-Unstrut angeschmiegt, liegt das Zisterzienser-Kloster und die Schule „Schulpforte“ oder „Schulpforta“ mit einer dreischiffigen Basilika aus dem 13. Jahrhundert. Hier ging Friedrich Nietzsche zur Schule. Auch Heinrich Hoffmann, der später als ein berühmter Psychiater der Autor von „Struwwelpeter“ werden sollte, drückte hier die Schulbank. Heute noch verbirgt sich hinter den Mauern das Internatsgymnasium Landesschule Pforta, das sich dafür rühmt, besonders umfassend Begabungen seiner Schüler zu fördern. Als besonderer Unterricht gelten für die Musikschüler Stimmbildung, Schulpraktisches Musizieren, Chorleitung und Chor, für den Zweig der Naturwissenschaftler Logik, Astronomie und Informatik. Für die Sprachenschüler wird hier auch noch Latein und Altgriechisch angeboten. Ein bisschen so, wie man sich das in Filmen und Büchern über angelsächsische Internatsschulen vorstellt. Kein Wunder also, dass die Schule auch Drehort für verschiedene deutsche Filmproduktionen war. Zum Beispiel „Bibi Blocksberg und das Geheimnis der blauen Eulen“, „Die Päpstin“ und „Das fliegende Klassenzimmer“.

Postkarte 1903

Kloster Schulpforta

Übrigens: Auf dem Gelände direkt an der B87 lädt eine Vinothek des Landweinguts Kloster Pforta auf eine Verkostung ein. Ein besonderer Tipp: Der Blaue Zweigelt ist eine lokale Spezialität und lässt sich auch nach Hause schicken – sollte man nicht genug Platz auf seinem Gepäcksträger haben.

Vinothek Schulpforte
Torhaus der Landesschule Pforta
Schulstraße 8
D-06628 Naumburg
+ 49 (0) 34463 26121
service@kloster-pforta.de

Öffnungszeiten:
täglich von 10 – 18 Uhr

Von Bad Kösen radelst du links der Saale vorbei an Weinbergen in Richtung Äpplerberge und dort über die Saale in Richtung Almrich. Von hier führt der Saaleradweg an der Domstadt Naumburg links, an etlichen weiteren Weinbergen und dementsprechenden Einkehrmöglichkeiten vorbei. Die Sorte Goldriesling sowie der „Schieler", ein Verschnitt von roten und weißen Weintrauben, gelten als lokale sächsische Besonderheiten.

Es lohnt sich jedoch, **Naumburg** mit seinem Dom 15, der seit 2018 zum UNESCO-Weltkulturerbe gehört, zu besuchen. Beim Pegelhaus Grochlitz hast du eine Möglichkeit abzuzweigen.

Essen, Trinken & Durchatmen

Ein kulinarischer Abzweig

GEDIEGEN SPEISEN

Das Restaurant Villa Ilske in Bad Kösen ist sicherlich kein schneller Stopover, aber definitiv einen Halt wert. Vom Südhang der Saalberge lässt sich bei einem Glas Wein besonders schön die doch so oft poetisch besungene Landschaft bewundern. Da schmecken der Fischteller von Wels und Zander oder die knusprige Entenkeule besonders gut. Die Villa Ilske verfügt außerdem über einige Gästezimmer.

Villa Ilske
Ilskeweg 2
06628 Bad Kösen
+49 (3) 44 63 36 60

Öffnungszeiten
Mittwoch Ruhetag

Salz und Wein

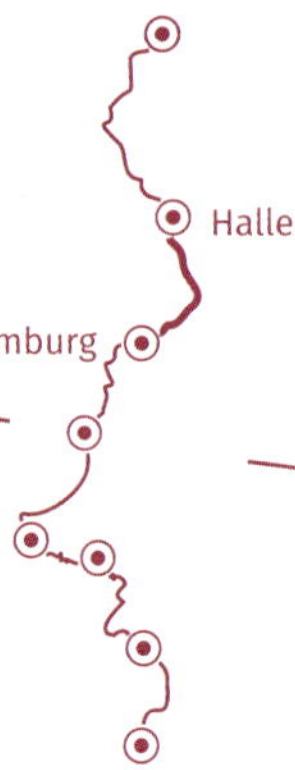

3 Schlenker & Highlights

61 **km**

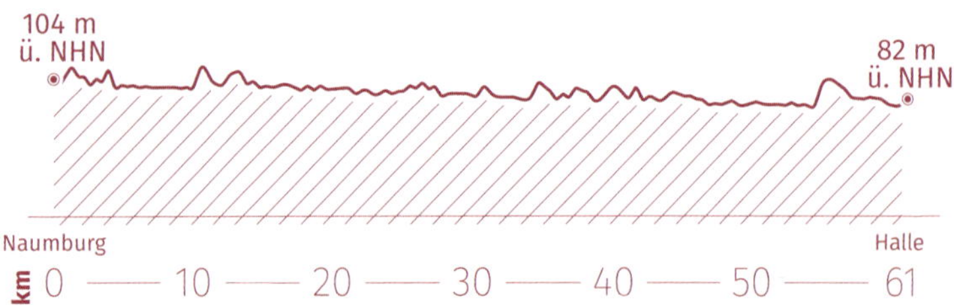

an der Saale

Marktplatz in Naumburg

Das nun folgende Kapitel führt dich von **Naumburg** über **Merseburg** nach **Halle**, ein weitestgehend fla-ches, gut ausgebautes und durchaus romantisches Wegstück liegt vor dir. In Merseburg und Halle lohnt es sich, schon vorab etwas mehr Zeit einzuplanen, denn die beiden Städte ziehen einen geradezu magisch in ihren Bann – gezaubert wurde hier ja überhaupt sehr gern. Der Saaleradweg verläuft durchwegs verkehrsarm und begegnet dir unterwegs nur in den mittelalterlichen Uferstädten mit holprigem Kopfsteinpflaster. Wer in Halle dann auch übernachten möchte, sollte jedenfalls rechtzeitig reservieren, die Stadt ist nämlich gerade im Sommer sehr beliebt und gut besucht.

Wenn du in Naumburg alles gesehen hast, musst du nur wieder an die Saale finden, dort geht auch schon der Radweg weiter. Weil die Saale Naumburg in einem weiten Bogen umfließt, gestaltet sich das Wiederfinden nicht sonderlich schwer. Vom Marktplatz in grober Richtung Nordost, schon landest du wieder beim Pegelhaus am Saaleufer. Der Radweg verläuft nun in Flussrichtung rechts, auf der anderen Seite liegt **Schellsitz**. Nächster Halt **Schönburg**, der Name hält, was er verspricht, mitten im Ort erhebt sich eine stolze Festung. Weil es auch eine Burgschänke gibt und der Radweg direkt daran vorbeiführt, kann man hier für eine Erfrischung absteigen.

Andernfalls geht es durch Schönburg hindurch, du bleibst immer am Wasser und folgst der Saale in eine weite Rechtskurve. Pittoreske Weinberge säumen den Radweg, mit **Eulau** (hier entdeckte man 4.400 Jahre alte Urnengräber) und dem **Schloss Goseck** auf der anderen Flussseite. Es folgt ein malerischer Auwald, in **Leißling** überquerst du die Bahnlinie, folgst den Schienen linker Hand und schon ein gemütliches Vorörtchen weiter ist **Weißenfels** erreicht.

Zwölf Ortsteile umschließt das Stadtwappen hier seit 2010 – die vormals eigenständigen Gemeinden schrumpfen seit Jahrzehnten. Einen Besuch lässt sich Weißenfels aber nicht nehmen! Die historische Kernstadt zu Füßen des „weißen“ Felsens ist ein geschütztes Kulturdenkmal, natürlich inklusive Kopfsteinpflaster. Es gibt ein barock verschnörkeltes Opernhaus, in der wahrscheinlich teuersten Hofkapelle Deutschlands

Schloss Schönburg

Blick von Schloss Goseck Richtung Naumburg

werkte kein Geringerer als Johann Sebastian Bach und auch Georg Friedrich Händel soll an dieser Orgel erstmals seine musikalische Begabung demonstriert haben. Bis zum Ersten Weltkrieg war Weißenfels für seine Fehverarbeitung weltbekannt – das Feh ist ein russisches Eichhörnchen, dessen edelgraues Fell im Mittelalter äußerst begehrt war. Erst die großen Chemiewerke in Leuna (ab 1916) und Buna (ab 1936) brachten berufliche Alternativen in die Industriegegend um Merseburg.

Der Saaleradweg bei Schönburg

Der Radweg führt auch am Bootshaus Weißenfels vorbei, wo man der Vergangenheit kulinarisch ein wenig nachspüren kann. Besonders bedeutend und viel gerühmt war einst nämlich auch der Fischreichtum der Saale, vielerorts ein erträglicher Erwerbszweig, mit einer der ältesten Fischerinnungen in Weißenfels. Hier wurden Lachse gefangen und veredelt, sogar Flussläufe eigens in Treppen angelegt. Die vielen Industrieabwässer und Flusskorrekturen kosteten die Fischer aber schließlich ihren Lebensunterhalt.

Der gut sichtbare **Bismarckturm** blickt vom Klemmberg erhaben auf die Saale, er ist einer von 146 Gedenktürmen in Deutschland und fungiert hier bisweilen auch wunderbar als Orientierungshilfe. Wenn du Weißenfels also einen Besuch abstatten möchtest, nimmst du die Saalebrücke Richtung

Saalebrücke bei Weißenfels

Blick vom Otto-Böhme-Weg auf Weißenfels

Kernstadt, noch bevor du unter dem Bismarckturm vorbeiradelst. So findest du anschließend auch den Radweg wieder, der dich nun jedoch am linken Saaleufer weiter durch **Kriechau** und **Schkortleben** führt. Bei **Kleinkorbetha** kreuzt du wieder den Flusslauf, die Saale ergießt sich allmählich in das Hallesche Tiefland und das Hügelland um Merseburg wird zunehmend industrieller.

Bismarckturm in Weißenfels

Highlights am Wegesrand 18

Gradier-werk Halle

Die Tradition des Salzes

Die erste urkundliche Erwähnung von Bad Dürrenberg reicht bis ins Jahr 933 zurück. Das ist zwar ganz schön alt, bekannt wurde die Stadt aber erst durch die Salzgewinnung in der Barockzeit ab 1600. Und zwar entdeckte der Geheime Bergrat Johann Gottfried Borlach hier im Jahre 1763 eine Solequelle in stolzen 223 Metern Tiefe. Man bohrte also einen Stollen und errichtete das mit 636 Metern längste zusammenhängende Gradierwerk (veraltet „Leckwerk") Europas. Ein Kur- und Bäderbetrieb folgte, denn die salzige Sole hilft auch den Atemwegen und brachte mit dem Wohlstand viel barocken Prunk nach Bad Dürrenberg – siehe Marktplatz, Domschatz oder auch Friedhof.

Seit 2008 hat man den Kurbetrieb erfolgreich wieder aufgenommen. Im Kurpark kann man das Gradierwerk bis heute bestaunen sowie die salzigen Soledämpfe bei einem Spaziergang genießen. Seeluft, ganz ohne Meer,

Borlachturm und Museum in Bad Dürrenberg

Gradierwerk in Bad Dürrenberg

mitten in der Stadt, das kann schon was. Wer noch tiefer in die Geschichte eintauchen möchte, dem sei ein Besuch im Borlachmuseum (im Salzturm) ans Herz gelegt. Hier kann neben den alten Werkzeugen auch der historische Soleschacht zu jeder vollen Stunde bestaunt werden – und sogar Borlach selbst ist dabei anwesend.

Borlach-Museum
Borlachplatz 2
06231 Bad Dürrenberg
+49 3462 83990

Öffnungszeiten:
Sa & So, 10 – 17 Uhr

Es folgt eine Allee durch ein kleines Waldstück, am Friedhof vorbei und durch **Vesta** nach **Bad Dürrenberg**. Das alte Salzamt am Borlachplatz erzählt vom **Salzbergbau**, es ist vermutlich das älteste Haus der Siedlung. Heute allerdings mit Hotel und Standesamt. Das **Gradierwerk** 18 im Kurpark ist da deutlich spannender, denn bis 1963 war es das größte Salzwerk Europas. Bis heute zieht die heilende Wirkung der salzhaltigen „Seeluft", die durch das Verdunsten der konzentrierten Sole entsteht, immer noch zahlreiche Gäste an.

Um das alte Badehaus schlägt der Radweg einen Bogen, nimmt die Saalebrücke daneben und radelt über **Kröllwitz** weiter nach **Leuna**. Hier zweigt der Radweg rechts zum Stadion des Friedens ab und zeigt entlang der Saale, was eine echte **Gartenstadt** **19** eigentlich ist. Als solche wurde Leuna bis 1927 nach den Plänen des Architekten und Stadtplaners Karl Barth nämlich realisiert. Auffällig ist neben dem üppigen Grün auch die geringe Bebauungsdichte entlang der gemütlich mäandernden Straßenzüge.

Leuna, Sachsenplatz

„Widerstandskämpfer von Auschwitz" von Ludwig Engelhardt
Plastik-Park Leuna

Die Gartenstadt Leuna

Wilhelm Karl Willy August Barth ist ein begabter Knabe. Künstlerisch talentiert, schlägt er die Architektenlaufbahn ein. Als der Erste Weltkrieg losbricht, geht er als Freiwilliger an die Front. Nach Weihnachten 1915 erreicht ihn ein Schreiben von höchster Stelle: Sofortiger Abbruch des Kriegseinsatzes, umgehende Rückkehr in die Heimat und Arbeitsantritt als Baurat für die Projektierung der Siedlung Neu-Rössen.

Selten genug bekommt man als Architekt die Möglichkeit, eine komplette Stadt am Reißbrett zu entwerfen. Barth plant die Wohnsiedlung für die tausenden Werksarbeiter nach den Gesichtspunkten der Gartenstadt. Ursprünglich 1898 vom Briten Ebenezer Howard als Reaktion auf die allgemein schlechte Wohn- und Lebensqualität sowie die steigenden Grundstückspreise in den durch die Industrialisierung stark wachsenden Großstädten entworfen. Das Wohnen sollte eine Balance zwischen Natur, Industrie und Kultur schaffen und die spezialisierten Fachkräfte dauerhaft am Standort halten. Ein Privileg, das mit dem Ausscheiden aus dem Betrieb natürlich endete.

Bei der Planung berücksichtigte Barth den Siedlungsalltag vom Arbeitsweg über abendliche Freizeitgestaltungen bis zum Familienleben am Wochenende. Im Wohngebiet sollten sich Arbeiter, Meister, Angestellte und Akademiker gleichermaßen wohl fühlen und eine funktionierende Gemeinschaft bilden. Nur die Villen am Saaleufer blieben den Direktoren und Leitern des Ammoniakwerkes vorbehalten. Ausschließlich der Kriegswichtigkeit des Projektes, der Macht der riesigen Chemiekonzerne sowie der Verfügbarkeit billigen Baulandes ist es zu verdanken, dass Barth die Realisierung einer der größten und schönsten Gartenstädte Deutschlands in Angriff nahm. Nach umfassenden Restaurierungen präsentiert sich die Stadt heute als florierende Oase. Sie ist das größte Flächendenkmal im Saalekreis.

Sobald vom Radweg rechts ein Waldbad beschildert abzweigt, bist du goldrichtig, hier kannst du absteigen und deine Waden kühlen. Anschließend folgst du dem Fluss auf dem Wanderweg nach Merseburg, wo dich der Radweg durch verwinkelte Straßen und Gassen direkt am eindrucksvollen **Merseburger Dom** entlangführt.

Im Kapitelhaus werden ausgewählte Exponate des Merseburger **Domschatzes** ausgestellt und die **Fürstengruft** zeigt ein monumentales Zeugnis barocker Bestattungskultur. In der **Bibliothek** des Domkapitels wurden im Jahre 1841 auch die beiden **althochdeutschen Merseburger Zaubersprüche** aus dem 9./10. Jahrhundert entdeckt. Einer beschwört die Befreiung Gefangener, der andere soll gegen Fußverrenkungen (bei Pferden) helfen. Besichtigen sollte man die uralten Zauberformeln hier unbedingt – nur für den Fall der Fälle sei der Heilzauber hier aber auch für sportliche Reiter abgedruckt:

Schloss Merseburg

Die Saale bei Merseburg mit Dom und Schloss

Phôl ende Wuodan fuorun zi holza.
dû wart demo balderes folon sîn fuoz birenkit.
thû biguol en Sinthgunt, Sunna era swister;
thû biguol en Frîja, Folla era swister;
thû biguol en Wuodan, sô hê wola conda:
sôse bênrenki, sôse bluotrenki,
sôse lidirenki:
bên zi bêna, bluot zi bluoda,
lid zi geliden, sôse gelîmida sîn.

Neben mittelalterlichen Zaubersprüchen findest du in Merseburg aber noch viel mehr Wissen versammelt, denn im Technikpark steht das **Deutsche Chemie-Museum**, es gibt ein **Luftfahrt- und Technikmuseum** sowie ein **Kunsthistorisches Museum** zu bewundern. Auch die beeindruckende Schlossanlage samt Garten ist einen ausgiebigen Spaziergang wert – der **Rabenkäfig** im Vorhof hält bis heute eine alte Sage lebendig.

Lohnenswerte Schlenker 20

City Radroute Halle

Halle bietet dir mit der City Radroute eine Stadtbesichtigung im Sattel: Als Alternative zum Radweg entlang der Saale zweigt die drei Kilometer lange Stadttour an der Mansfelder Straße auf Höhe des Salinenmuseums rechts ab und besucht den Göbelbrunnen am Hallemarkt, den Aussichtspunkt am Turm der Marktkirche, die verkehrsberuhigte Zone Ulrichstraße mit vielen gemütlichen Bars und Cafés (siehe Gastrotipp S. 112), passiert das Martin-Luther-Universitätsgebäude sowie das Kunstmuseum in der Moritzburg bis zum Pfälzer Ufer, führt über die denkmalgeschützte Würfelwiese bis zur Peißnitzbrücke und trifft hier schließlich den Saaleradweg wieder. Wer die Abzweigung verpasst – die Route ist in beide Richtungen beschildert.

Die Würfelwiese markiert den Stadtzugang zum Saaletal und verdankt ihren Namen übrigens dem alten Halleschen Volksfest „Knoblauchsmittwoch". Neben allerlei Marktständen wurden hier auch Glücks- und Würfelspiele dargeboten. 1870 wird der beliebte Pfingstmittwochsbrauch ausnahmslos verboten, offiziell zur Schonung der neuen Gartenanlagen. Mit der Gründung der Knoblauchsmittwochsgesellschaft wird der Brauch seit 2002 aber wieder neu belebt.

Marktplatz in Halle

Domplatz in Halle

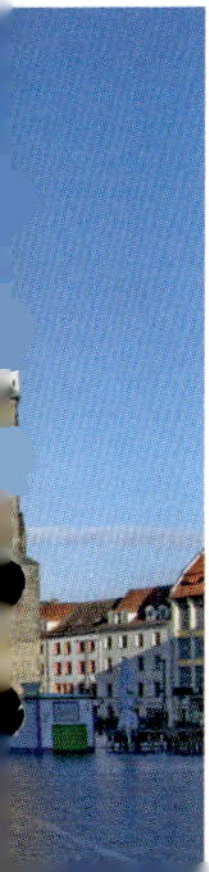

Falls du dich beim Stadtbummel verläufst, findest du beim Dom die Saale und dort auch den Radweg wieder. Am Schloss vorbei hältst du dich rechts durch den Stadtpark, ein flussreiches Wegstück später folgt eine Brücke, danach hältst du dich links, so gut es geht, weiter an der Saale entlang. Du überquerst die **Schleuse Planena** und nimmst den Bogen über **Rattmansdorf** und Hohenweiden. Wenn du in **Hohenweiden** den Lindenplatz erreichst, zweigst du rechts ab und folgst der Straße des Friedens nach rechts auf den Eierweg. Nach der Röpziger Brücke am Kreisverkehr links ab und weiter am Böllberger Weg der Saale folgend, erreichst du schließlich **Halle** 20.

Essen, Trinken & Durchatmen

Ein kulinarischer Abzweig

MAKE PIZZA, NOT WAR schreibt sich die Rote Soße in der Großen Ulrichstraße (neben der kleinen) auf die Fahnen und serviert den mediterranen Teigfladen ungewöhlich kunstvoll interpretiert. Hier kann man eine Pizza IKEA mit Hotdog und Röstzwiebeln essen, sich eine Mafia-Torte aus dem Steinofen gönnen, auch Chicken Teriyaki gibt's als Topping, eine Eggstreet Boys mit Spiegelei oder die total verrückte Beefnut mit Steak und Haselnüssen. Natürlich sind auch vegetarische und vegane Kreationen überhaupt kein Problem. Nur an Krieg ist danach wirklich nicht mehr zu denken. Stilecht runtergespült wird das kulinarische Abenteuer in der Roten Soße übrigens mit dem hausgemachten Caramellino Superstoff, der sich im Shop auch für die Satteltasche mitnehmen lässt. Natürlich gibt's auch die Pizza auf Wunsch to go – falls einem das knallrote Interieur dann doch etwas zu schrill ist. Die namensgebende Rote Soße ist übrigens gar keine Pizza, sondern ein Salat mit Ziegenkäse und Maracuja-Senf-Dressing. Überraschungen ohne Ende also.

Rote Soße
Große Ulrichstraße 26
06108 Halle
+43 345 68252080
www.rotesosse.de

Öffnungszeiten:
Mo – So, 12 – 22 Uhr
(Tischreservierungen nur telefonisch)

CREW

Die Saale trifft auf die Elbe

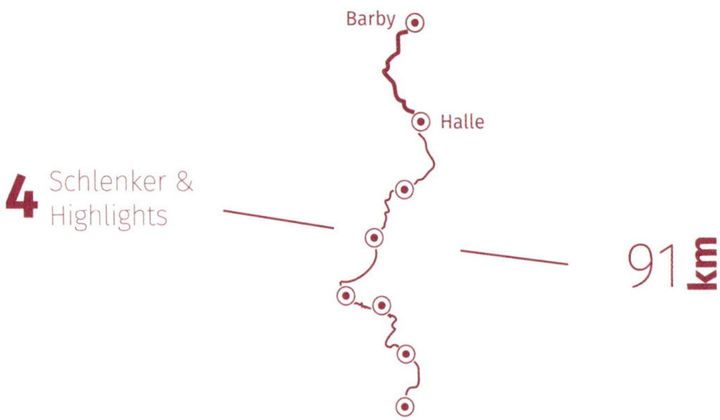

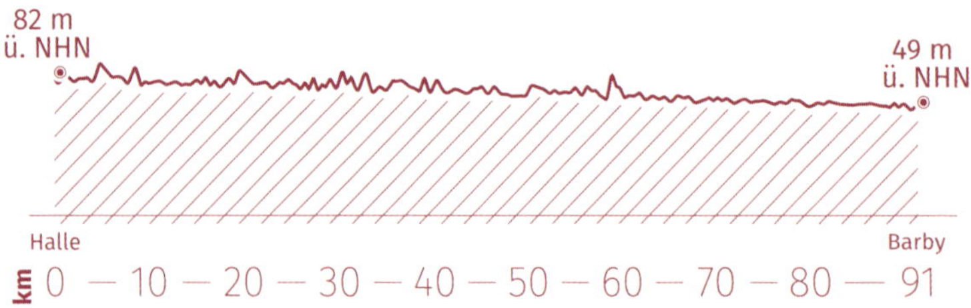

Sonnenuntergang in Halle

Solltest du in das **Stadtzentrum von Halle** geradelt sein, dann hat die ganze Pracht der einst so reichen Hansestadt dich sicher beeindruckt. Für den letzten Abschnitt des Saaleradwegs darfst du dich erneut auf geballte Natur und final die mächtige Elbe freuen. Du radelst nun wieder oder immer noch auf der Hauptroute entlang und querst eine Brücke auf die Peißnitzinsel, dann entlang der Peißnitzallee und schließlich wieder über eine Brücke über die Saale. Hier quert der sogenannte „Himmelsscheibenweg“ deine Spur. Er führt mitunter zu dem Fundort der „**Himmelsscheibe von Nebra**“, einer mysteriösen, knapp 4.000 Jahre alten Bronzeplatte, die im Landesmuseum für Vorgeschichte in Halle ausgestellt wird. 1999 fanden zwei Grabräuber die Tafel in der Nähe der Ortschaft Nebra hier in Sachsen-Anhalt, drei Jahre später wurde die Himmelsscheibe in der Schweiz aus den Fängen von dubiosen Hehlern gerettet und zurück nach Sachsen-Anhalt gebracht. Auch heute noch ist sich die Wissenschaft nicht sicher, wie die Scheibe zu interpretieren ist – einig ist man sich allerdings, dass es sich bei der Scheibe vermutlich um eine Darstellung des Sternhaufens der Plejaden im Sternbild des Stiers handelt.

Wissenswertes im Gepäck **21**

Naturpark Unteres Saaletal

Wenn Naturgewalten die Landschaft formen

Endlos grüne Auenlandschaften, dichte Wälder und schroffe Felshänge säumen das Flussufer des unteren Saaletals. Der Flusslauf formte über die Jahre diese abwechslungsreiche Landschaft zwischen Halle und Bernburg, die zahlreiche geologische Besonderheiten bereithält. Kein Wunder, dass das Gelände von Bad Kösen bis zur Saalemündung bereits seit 1961 als Landschaftsschutzgebiet ausgewiesen ist.

Gemeinden und Bürgern war dies jedoch zu wenig. 2005 trugen ihre jahrelangen Bemühungen dann endlich Früchte und so erstreckt sich heute der Naturpark „Unteres Saaletal" vom Nordwestteil der Stadt Halle bis hinter die Stadt Nienburg. Auf einer Fläche von knapp 40.800 Hektar warten einige Schätze entlang der Rad- und Wanderwege: Also, auf geht's zu einzigartigen Naturphänomenen und historischen Sehenswürdigkeiten wie etwa der Halle-Hettstedter Gebirgsbrücke oder der weißen Wand in Dobis. Sandstein, Porphyr und Kalkstein sind hier auf verhältnismäßig kleinem Raum anzutreffen. Die Verwitterungsschichten dieser unterschiedlichen Gesteine bieten zudem eine optimale Lebensgrundlage für zahlreiche Pflanzenarten. Was noch on top kommt, ist die Tatsache, dass der Naturpark zu den niederschlagsärmsten Gegenden Deutschlands zählt. Folglich konnten sich hier auch typische Steppengebiete herausbilden. Außerdem ist der Naturpark Heimat einer spannenden Tierwelt. Geschützte Arten wie Biber, Eisvogel, Laubfrosch oder der Wespenbussard verstecken sich hin und

Brachwitzer Alpen

Blick über die Saale auf Friedeburg

wieder zwischen den Ästen der Bäume. Durch die günstige Lage war das untere Saaletal auch von Menschen früh besiedelt. Aus diesem Grund findet man hier zahlreiche archäologische Denkmäler, die von früherem Leben erzählen. Wegen all dieser Besonderheiten spielt auch die Bildungsarbeit im Naturpark „Unteres Saaletal" eine wichtige Rolle. Daher sind im gesamten Gebiet Lehrpfade mit themenbezogenen Informationstafeln angelegt. So erhält jeder Gast einen wissenswerten Zugang zum Park und kann das vielseitige Angebot noch besser nutzen.

Burg Giebichenstein

Rechter Hand siehst du zur **Burg Giebichenstein** hinauf, auf dem Gelände befindet sich ein Teil des Campus der Kunsthochschule Halle. Du erreichst nun eine tiefergelegene Talstraße, radelst durch die Vorstadt und erreichst Lettin. Auf beiden Seiten des Weges blickst du nun in das tiefe Grün des **Naturparks Unteres Saaletal** 21. Bei Neuragoczy wechselst du auf das orographisch rechte Ufer der Saale. Der Naturraum östlich von **Brachwitz** wird auch „Brachwitzer Alpen" genannt – der Name leitet sich von den außergewöhnlichen Felsformationen aus Halleschen Porphyr ab, die ein wenig an die Alpen erinnern. Das Außergewöhnliche an diesem Landschaftsabschnitt sind die über 90 Arten von Pflanzen und Tieren, die auf der Roten Liste Deutschlands stehen und stark gefährdet sind.

Templerkapelle in Mücheln

In **Döblitz** ist die romanische Dorfkirche sehenswert, aber auch die große Eiche, welche die Ortsmitte markiert. Im Ganzen ein äußerst pittoreskes Dörfchen. Nach Döblitz radelst du eine kleine Weile leicht bergauf. Du siehst nun die Flusschleife der Saale, die sich in die Landschaft gegraben hat. Die Gegend ist geprägt von mal größeren, mal kleineren Porphyrrücken. Strenggenommen ist das keine Bezeichnung für ein bestimmtes Gestein, sondern ein Sammelbegriff für Gesteine vulkanischen Ursprungs. Gesteine mit porphyrischem Gefüge entstehen, wenn Magma im Erdinneren zunächst

langsam erkaltet. In der Tiefe bilden sich bereits wenige, aber große Kristalle, die in der Schmelze schwimmen. Kommt es dann zu einem schnellen Aufstieg des Magmas mit einem Vulkanausbruch, kühlt das verbleibende noch flüssige Magma sehr rasch ab und kristallisiert.

In Mücheln solltest du einen Blick auf die **Templerkapelle** werfen, eine der wenigen noch existierenden Zeugen des einst so mächtigen Ordens in Deutschland. Wahrscheinlich sind dir die Tempelritter ein Begriff, die eine Art militärischer Eliteeinheit darstellten und rund um 1120 n. Chr. während der Kreuzzüge in Jerusalem gegründet wurden. Die Tempelritter finden sich in zahlreichen Romanen, Spielfilmen und Computerspielen wieder. Der „Templer-Mythos" gehört zum festen Fundus der Populärkultur. Nach **Wettin** **22** ist es nun nicht mehr weit, du radelst der dortigen Promenade „Lange Reihe" entlang und blickst dabei linker Hand auf zwei Saale-Inseln. Du folgst der Uferstraße nach **Rothenburg**, vorbei an Pögritzmühle und Dobis. Kurz vor Rothenburg kannst du an einer Saaleaue, einem Altarm, Rast machen. In Rothenburg trifft der Saaleradweg auf eine riesige Industrieanlage der Westfälischen Drahtindustrie.

Der Saaleradwanderweg bei Rothenburg

Highlights am Wegesrand 22

Burg Wettin

Vom Adelshaus zum Kunstunterricht

Hoch oben auf einem Porphyrfelsen erstreckt sich die rund 500 Meter lange Anlage der Burg Wettin – der perfekte Aussichtspunkt, um einen herrlichen Blick über das Saaletal zu genießen. Entstanden ist die spätere Stammburg der Markgrafen, Kurfürsten und Könige von Sachsen vermutlich zwischen 900 und 1000 n. Chr. Die alten Mauern haben also einige Jahre auf dem Buckel und spannende Geschichten zu erzählen. Darum stößt man bei einer Erkundung der dreigliedrigen Burganlage auch immer wieder auf Informationstafeln, die Auskunft über die bewegte Vergangenheit geben. Wer noch tiefer eintauchen möchte, sollte sich die Gästeführung nicht entgehen lassen, zumal sich einige sicherlich über den Andrang junger Leute

wundern werden. Seit 1991 befindet sich auf dem Burggelände nämlich das Burg-Gymnasium Wettin mit dem Fachbereich Kunst. Weil das für Mitteldeutschland nach wie vor einzigartig ist, gibt es für die Schüler der Kunstklassen ebenfalls vor Ort ein Internat und die Möglichkeit, ihr Abitur in Kunst abzuschließen.

Die Burg Wettin hat als Bildungseinrichtung ebenfalls eine lange Tradition: Von 1955 bis 1991 befand sich in der Oberburg die Schäferschule Wettin – übrigens die einzige für Schäfer spezialisierte Berufsschule in Mitteleuropa – und die Unterburg beherbergte ab 1963 einen Teil der Fachschule für Pflanzenschutz.

Burg Wettin
Burgstraße 1
06193 Wettin-Löbejün
+49 34607 20320
wettin-info@mail-wl.de
www.wettin.de

Führungen nach Vereinbarung, die Außenanlagen sind immer zugänglich.

Luftbild Wettin-Löbejün

Du querst auf dem Weg aus dem Ort die Bahngleise und radelst gemütlich durch die Uferwiesen der Saale. Und wieder unter den Bahngleisen hindurch, dann am Flussufer entlang bis nach Trebnitz. Den Ort umrundest du links und gelangst nach Zweihausen. In **Mukrena** querst du die Saale nach **Alsleben**. Die beiden Ortschaften diesseits und jenseits der Saale teilten sich schon lange vor der heutigen Brücke eine Fähre über die Saale. Auch einige Schiffswerf-ten befanden sich an beiden Ufern der Saale. Heute ist davon nur die „Schiffswerft Fischer“ Mukrena übrig geblieben.

Du befindest dich nun knapp 50 Kilometer vor der Mündung der Saale in die Elbe. In Alsleben radelst du über den Markt und querst nach dem Ortsende einen Bach. Du befindest dich orografisch links der Saale. Gemütlich erreichst du Großwirschleben. Das **Renaissance-Schloss Plötzkau** ist einen Abstecher wert. Ausstellungen berichten von der wechselhaften Geschichte des Schlosses als Münzprägeanstalt, Fabrik für japanische Lackmalerei und Tabakwaren, Gefängnis, landwirtschaftliche Domäne, Flüchtlingsunterkunft und als Museums-Depot. Tipp: Vom obers

Eulenspiegelturm Bernburg

ten Turmzimmer hast du einen Ausblick auf den Naturpark Unteres Saaletal und den Plötzkauer Auwald.

Nun macht der Radweg eine durchaus beachtliche Schleife entlang eines Altarms. Vielleicht wäre es jetzt auch an der Zeit, das Phänomen „Altarm“ kurz zu beschreiben: Ein Altarm ist der Teil eines Flusses, der durch natürliche oder künstliche Einwirkung an einem Ende vom Hauptstrom abgeschnitten ist – durch eine Sandbank zum Beispiel. Altarme entstehen deswegen auch häufig aus Nebenarmen. Du erreichst nach einer pittoresken Fahrt durch den Uferwald wieder die Saale und querst die Brücke nach Gröna und erreichst nach einer kurzen Weile Bernburg.

Schloss Bernburg mit seinem Eulenspiegelturm (Ja, hier soll Till Eulenspiegel als Turmbläser gearbeitet haben.) auf einer Anhöhe über der 35.000-Einwohner-Stadt ist eine weitere Renaissance-Perle der Region und vermutlich weit mehr Menschen bekannt, als ein unrühmliches Kapitel der Stadt. Zur Zeit des Nationalsozialismus, genauer gesagt zwischen 1940 und 1943, befand sich in einem abgetrennten Teil der Landes-Heil- und Pflegeanstalt Bernburg eine Tötungsanstalt, in der bei der sogenannten Aktion 14 (systemischer Massenmord an Menschen mit körperlichen, geistigen und seelischen Behinderungen) über 14.000 Menschen vergast wurden. Heute befindet sich an dieser Stelle eine **Gedenkstätte** 23.

Sonnenuntergang an der Saalebrücke in Alsleben

Stadtansicht von Bernburg

Du bleibst auf der rechten Seite der Saale in Richtung Nienburg. Kurz nach Grimschleben radelst du wieder links an einem Altarm vorbei. Wenn du über den Fluss blickst, siehst du die Klosterkirche. Wenn du dir das genauer ansehen willst, dann kannst du hier über die Brücke fahren. **Nienburg** wirkt an manchen Ecken ein wenig wie eine mittelalterliche Filmkulisse – das ist zu einem großen Teil der frühgotischen Klosterkirche St. Marien, St. Cyprian und dem historischen Glockenspiel am Marktplatz geschuldet. Zurück am anderen Ufer radelst du ein wenig weiter im Land durch die Ortschaften Wedlitz und Wispitz, bis du zur Brücke nach Calbe gelangst. Du kannst hier entweder direkt den Fluss kreuzen, wenn du zum Bahnhof Calbe oder in die **Innenstadt von Calbe** willst. Der Saaleradweg führt geradeaus. Linker Hand teilt sich die Saale in zwei Arme – in der Mitte die Insel Gottesgnaden.

Calbe an der Saale

Gedenkstätte Bernburg

Für die Opfer der NS-„Euthanasie“

Ab 1940 befand sich auf dem Gelände des heutigen Fachklinikums Bernburg eine „Euthanasie“-Anstalt des nationalsozialistischen Regimes. Sowohl Patienten aus Heil- und Pflegeanstalten als auch Häftlinge aus den Konzentrationslagern Buchenwald, Flossenbürg, Groß-Rosen, Neuengamme, Ravensbrück und Sachsenhausen wurden in Bernburg mit Gas getötet, bis die Anstalt im Spätsommer 1943 geschlossen wurde. Nachdem ein kleines Urnendenkmal aus dem Jahr 1952 wieder in Vergessenheit geriet, wurde 1989 schließlich eine öffentlich zugängliche Gedenkstätte eröffnet, die an die rund 14.000 Opfer der Anstalt erinnert.

Neben der Gaskammer blieben auch andere Teile der Vernichtungsanlage erhalten und sollen heute die nachfolgenden Generationen über die Schrecken dieser Zeit aufklären.

Stiftung Gedenkstätten Sachsen-Anhalt
Gedenkstätte für Opfer der NS-“Euthanasie“ Bernburg
c/o Fachklinikum Bernburg
Olga-Benario-Str. 16/18
06406 Bernburg
+49 3471319816
info-bernburg@erinnern.org
www.gedenkstaette-bernburg.sachsen-anhalt.de

Öffnungszeiten:
Di – Fr, 9 – 16 Uhr
jeden ersten Sonntag im Monat, 10 – 16 Uhr

Tötungsgebäude der Anstalt Bernburg

Lohnenswerte Schlenker 24

Saalemündung in die Elbe bei Barby

Flussüberfahrt wie im 17. Jahrhundert

Nach rund 413 aufregenden und abwechslungsreichen Kilometern mündet die Saale schließlich bei Barby in die Elbe. Neben der eindrucksvollen Landschaft wartet hier noch ein besonderes Erlebnis: die Elbüberfahrt mit der Gierseilfähre Barby. Warum das ein Highlight ist? Nun ja, diese Fähre überwindet den Fluss weder mit Mannes- noch mit Motorkraft. Sie nutzt stattdessen einzig und allein die Energie des strömenden Wassers, um das andere Ufer zu erreichen. Die Fähre ist sowohl am Bug als auch am Heck an einem langen Drahtseil befestigt. Sobald sich die Länge der Enden zueinander verändert, ändert sich auch der Winkel der Fähre zum Strom. Diese umweltfreundliche Technik erfand der Niederländer Hendrick Heuck schon im Jahr 1657 und sie bewährt sich vielerorts noch heute. Egal, ob zu Fuß, mit dem Rad, auf dem Pferd, mit PKW oder Traktor – hier geht fast jeder übers Wasser.

Gierseilfähre Barby
An der Fähre
39249 Barby
+49 1590 1789621
www.stadt-barby.de/de/faehren.html

Gierseilfähre über die Elbe bei Barby

Herrenhaus in Barby an der Elbe

Zur Elbe ist es nun nicht mehr weit. Die Saale schlängelt sich förmlich dem viertgrößten Fluss Europas entgegen, der Elbe. Der Saaleradweg schlägt hier eine Diagonale und leitet dich auf geradem Weg nach Groß Rosenburg. Am Dammhaus querst du auf einer sogenannten Gierseilfähre ein letztes Mal die Saale. Die Flußschleifen der Saale gehören hier schon zum **Biosphärenreservat Flusslandschaft Elbe**. Kurz nach Werkleitz quert der Radweg ein Stück lang eine Wiesenlandschaft nach **Barby**. Wenn du rechts von dir die Stadtmauer von Barby siehst, biegst du scharf rechts ab und gelangst zuerst zum Fährhafen über die Elbe und ein paar hundert Meter weiter zur Saalemündung 24 in die Elbe. Das **Ende des Saaleradwegs** ist erreicht.

Essen, Trinken & Durchatmen

Ein kulinarischer Abzweig

GASTSTÄTTE „ZUM FÄHRMANN“

Wer die Elbüberquerung ab Barby auf sich nimmt, wird am anderen Ufer von der gemütlichen Gaststätte „Zum Fährmann“ in Empfang genommen. Hier lohnt es sich, einmal die Füße hochzulegen und den Ausblick auf Elbe und Saale bei einem kühlen Alster zu genießen. Wie es der Name schon vermuten lässt, gibt es so nah am Wasser natürlich auch einige Fischgerichte auf der Speisekarte. Aber auch saisonale Klassiker wie die Spargelzeit werden beim „Fährmann“ gebürtig zelebriert.

Gaststätte zum Fährmann
Ronney 2
39264 Walternienburg
+49 39247 5505
he-hoppadietz@t-online.de
www.gaststaette-zumfaehrmann.de

Magdeburg
Barby
Dessau
Bernburg
Halle
N
Leipzig
Bad Dürrenberg
Naumburg
Weissenfels
Erfurt
Weimar
Jena
Gera
Zwickau
Rudolstadt
Saalfeld
Ziegenrück
Plauen
Bad Lobenstein
Joditz
Hof
Coburg
Münchberg
Kulmbach
Saalequelle

Der Saaleradweg

Von der Quelle im Fichtelgebirge an die Elbe

Teil 2

Roadbook

Mit dem **Bahnhofsgebäude** im Rücken links auf der *Bahnhofstr.* bis zur Kreuzung → links in die *Bayreuther Str.* einbiegen → Gleise unterqueren und sofort links in die *Kreuzbergstr.* → bei der Kreuzung mit der Hauptstraße geradeaus weiter auf *Sparnecker Str.* → Käsbach überqueren → im Kreisverkehr geradeaus → nach 2,3 km rechts abbiegen in Richtung *Großlosnitz* → den Ort passieren und weiter geradeaus durch *Schnackenhof* nach **Zell im Fichtelgebirge**. Auf der *Münchberger Str.* die junge Saale überqueren → bei der Kirche links auf *Marktplatz*. Bei der Kreuzung trifft man auf die Hauptroute. Zur Saalequelle hier rechts in die *Walpenreuther Str.* → Friedhof passieren → Gleich hinter dem Freibad (gegenüber von den Tennisplätzen) links abbiegen und der Beschilderung bis zur **Saalequelle** folgen (<1,5 km).

START: Von der **Saalequelle** starten und nach **Zell im Fichtelgebirge** zurückfahren → dort am **Marktplatz** vorbei und der Straße geradeaus folgen.

❶ Am Ortsrand schräg links, nach den letzten Häusern auf dem neuen Radweg weiter → entlang an den Feldern und nach dem Rechtsbogen in den Wald → es geht parallel zur Straße weiter nach **Reinersreuth**.

❷ In **Reinersreuth** bei den ersten Häusern vom Radweg nach links auf die Straße abzweigen → dem Straßenverlauf 1 km folgen → an der Querstraße rechts fahren → es geht weiter nach **Sparneck**.

❸ An der Hauptverkehrsstraße links fahren – kurz danach rechts in die **Saalmühlstraße**, auf dieser den Ort Richtung **Weißdorf** verlassen, nach dem Überqueren der **Saale** rechts halten → über den **Haidbach** → am nächsten Abzweig rechts abbiegen → weiter bis nach **Weißdorf**.

Modlitz
Höferberg
STOBERSREUTH
562
289
Ökopark
Hertelsleite
Wölbersbach
Hölle
MARKESREUTH
536
Posterlitz
Posterlitz
549
Stobersberg
Birken
Hotel
Erika-Fuchs-Haus
2
SCHWARZENBACH
a. d. Saale
Traktormuseum
Schulmuseum
Möschnitz
558
554
501
20
Martinlan
Höllberge
SEUBLITZ
520
FÖRBAU
Bloßenberg
548
15
6
500
546
Oppenroth
Zur Burgruine
Ruine
Uprode
Haidberg
560
Baumersreuth
Holzfeld
Pulschnitz
Sächsische Saale
Schäferei
Bugberg
586
5
507
Sächsische Saale
Solar-
park
Blauer Fels
543
Förmitz-
speicher
578
Kernholz
Unterschied
Völkenreuther
Wirtshaus
Völkenreuth
563
Bärlas
Bug
563
Bärlaser Berg
532
Göllitzbach
GÖTZMANNS-
GRÜN
560
Mittelschied
Wulmersreuth
Walther
Wasserschloss
Weißdorf
289
Schieda
HALLERSTEIN
Albertsreuth
Birkenbühl
Burgmuseum
4
10
567
Steinbühl
561
FÖRMITZ
615
600
620
Porzellanstraße
Oberschied
581

4 Im Ort bis zur B289 geradeaus und dort nach rechts → über die Saale und am Wasserschloss und der Kirche vorbei der Straße folgen → am Ortsende links auf den Radweg wechseln.

5 Nach 800 m links halten nach **Bug** → der **Bugbergstraße** durch das Dorf folgen → nach einer Allee trifft der Weg kurz auf die Bundesstraße und führt dann über einen Sattel zwischen zwei kleinen Bergen hindurch → der Straße folgen bis zum Weiler **Opperoth** → ab der Gaststätte ist der Weg unbefestigt → auf gröberen Untergrund geht es ins Saale-Tal hinunter → nach der Bahnunterführung in **Seulbitz** bis zur **B289** → hier nach links und über den Fluss vor den Häusern nach rechts Richtung **Förbau** abbiegen → nach dem Ortsende geht es bergauf → nach dem Anstieg allerdings wieder steil bergab nach **Förbau**.

6 Auf der Vorfahrtsstraße an der Brücke vorbei → dem Radweg entlang der Landesstraße folgen → kurz nach der Abzweigung nach **Schwarzenbach** auf dem Radweg rechts halten → dem Saalelauf folgend nach **Schwarzenbach.**

Den Schildern nach rechts über den Saalesteig folgen → dann links an einem Altarm entlang → an der **Schützenstraße** wieder nach links abbiegen → kurz vor dem Bahnhof nach links → dem Radweg neben der Saale durch die Altstadt von **Schwarzenbach** folgen.

Dem Radweg weiter auf der **Bachgasse** folgen → an der **Rehauer Straße** nach links → vor der Bahnbrücke wieder links zur **Saale** → über den überdachten Saalesteg radeln → weiter zum **Ökopark Hertelsleite** → den Park auf dem Radweg durchqueren und unter der Straßenbrücke hindurch → dem Radweg parallel zur Straße bis nach **Fattigau** folgen.

7 Nach dem Ort folgt der Radweg der Hauptstraße auf der linken Seite → dem Radweg bis nach **Oberkotzau** folgen → im Ort endet der Radweg abrupt, hier die Straßenseite wechseln.

8 Auf der anderen Straßenseite geht es auf einem Radweg am renaturierten Saalelauf durch **Oberkotzau** → unter einer kleinen Brücke hindurch → vor dem Parkplatz rechts auf dem Saalesteg über die **Saale** fahren, danach geht es links zwischen **Saale** und Bahnlinie weiter Richtung **Hof** → die **Frankenbrücke** und kurz danach eine kleinere Brücke auf dem Uferweg unterqueren → auf dem unbefestigten **Schwarzen Weg** geht es geradeaus weiter → bei **Döhlau** die **B15** unterqueren → die steinernen Bögen der Bahnbrücke unterqueren → danach auf einem asphaltierten Radweg entlang der **Saale** weiter durch **Hof** radeln

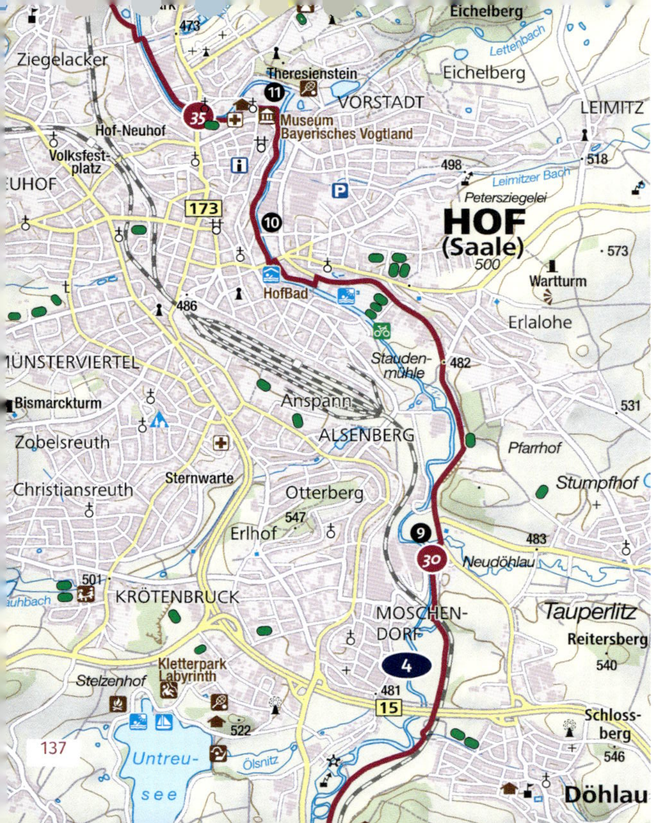

❾ Entlang der **Ascher Straße** geht es an Sportplätzen und dem Freibad vorbei → nach dem Parkplatz des Freibades links wieder zum Fluss → am rechten Ufer der **Saale** führt der Weg weiter ins Stadtzentrum.

❿ Auf dem Steg in Beton-Stahl-Design die Uferseite wechseln → durch die **Saaleauen** auf der linken Seite der **Saale** führt der Weg bis zu einem Parkplatz → am Parkplatz entlang bis zur T-Kreuzung → hier rechts fahren und vor der Brücke links auf einem Rad- und Fußweg entlang der **Saale** radeln.

⓫ An der Gabelung links halten → auf dem beschilderten Weg die Straße am Zebrastreifen kreuzen → an einem Biergarten vorbei und weiter zur **Saale** → am Spielplatz vorbei zur Brücke → hier auf die rechte Seite der Saale wechseln → vor dem Klärwerk wieder auf die linke Seite der **Saale** wechseln → am Klärwerk vorbei → die Bahnbrücke unterqueren → auf der nächsten Brücke die **Saale** erneut überqueren.

⓬ Kurz danach in der Rechtskurve der Straße nach links abzweigen und den Ort verlassen → nach dem Überqueren des Baches an der Weggabelung links → an der nächsten Weggabelung erneut links und zum Ufer der **Saale** hinab → unterhalb der Burgruine vorbei → auf einem Steg die **Saale** überqueren.

Start/Ziel
Joditz
Jean-Paul-Museum
Jean-Paul-Felsen
Lukat
Birkenleite
Binsig
Bug
Bruck
Bruckmühle
Wiesenhaus
Steinbühl
Gut
Brandstein
Siebenhitz
Stöckaten
Fattigsmühle
Saalenstein
Isaar
Garbühl
562
Gasthof Opel
Hof/Töpen
Rauhe
559
Fichte
Hirschstein
Altes Schloss
Papiermühle
Machersiedlung
Brunnenthal
Forst
Erlebnisstr. d. Dt. Einheit
Zedtwitz
Schafhübel
Hohbühl
541
Nördl. Regnitz
Sächsische Saale
Panorama- u. Saaletal-Str.
UNTERKOTZAU
HOF (Saale)
HOFECK
Studentenberg
Fun-park
Krebsbach
Lerchenberg
563
Mülldeponie
Porzellanstraße
Mühlhügel
536
Köditz
Seebühl
Scheibengrün
Steinbach
Hohbühl
573
Hof-Nord
E441
72
173
Kobesbühl
Kulm
615
Scharten
Schlegel
Schönitzbach
Weißenbach
Roßbach

Achtung: Die Stufen sind bei Nässe recht rutschig, Vorsicht walten lassen → vor allem mit Gepäck.

Unter der Autobahnbrücke hindurch → hinauf nach **Saalenstein** → an der Kreuzung rechts halten und durch **Saalenstein** → danach wieder hinunter ins Tal → ein Steg führt über die **Saale** zur **Fattigsmühle**.

⑬ Nach der Mühle links auf Asphalt steil bergauf → über den Hügel und wieder zur **Saale** hinab → nach einer Rechtskurve geht es auf einem geschotterten Weg weiter → vor **Joditz** auf die Straße und wieder an das andere Saaleufer → an der T-Kreuzung nach rechts in das Zentrum von **Joditz**.

Kapitel 2: Von Joditz nach Ziegenrück

START in Joditz: Auf der Hauptstraße verlässt die Route den Ort und zweigt in mäßiger Steigung nach **Lamitz** ab → weiter zur Anhöhe steil bergauf → in einem weiten Linksbogen geht es durch **Lamitz**.

Pfütz
Pirk
Sachsbühl
568
Steinbühl
575
Staarenburg
ULLERSREUTH
Raststätte Hirschberg
Vogelherd
597
Lehesten
Teichhaus
Hammermühle
Solar-park
Arlas
Pottiga
SPARNBERG
55
Saale
Rudolphstein
Sachsenvorwerk
HIRSCHBERG
Blumenaumühle
568
Maihof
Rastst. Frankenwald
30
Rudolphstein
Panorama- u. Saaletal-Straße
5
Hexenhaus
Saalebank
Mus. f. Gerberei u. Stadtgesch.
Gondel-station
60
Blankenberg
Unterer Kemlas
Maihof
Moos
Tiefengrün
50
VENZKA
Gupfen
612
Bastei
Untertiefengrün
Büchig
Rauher Bühl
621
Kemlas
Eisenbühl
593
592
Waldlust
Blankeneck
579
Zottelbach
523
Lohwiese
Bartelsmühle
Geiersberg
600
Schnarchenreuth
Sächsische Saale
Weißenbach-mühle
Holler
Gottmannsgrün
524
Oberkemlas
602
602
495
Roßberg
548
Feldmühle
616
Issigau
524
Fichtig
604
Lamitz
500

→ in einem weiten Linksbogen geht es durch **Lamitz**.

Hinter **Lamitz** wieder bergab → nach einem leichten Anstieg nach links wieder talwärts → im Dörfchen **Untertiefengrün** auf der Hauptstraße vor bis zur T-Kreuzung und hier rechts abbiegen → weiter bis zur **Saale** und kurz davor nach links auf die Uferstraße abbiegen → an der nächsten Wegkreuzung weiter geradeaus radeln.

1. Die nächste Kreuzung dann links und recht steil bergauf → an der Vorfahrtsstraße **HO11** rechts, dann über die Autobahn nach **Rudolphstein**.
2. Die **Panoramastraße** in der Linkskurve nach rechts verlassen → leicht bergab, dann über eine alte Holzbrücke → danach der Straße nach links folgen → an der Weggabelung ebenfalls links halten, es geht wieder stark bergauf → weiter nach **Pottiga** → auf der Ortsdurchgangsstraße durch **Pottiga** fahren.
3. Am Ortsausgang nach dem letzten Haus links abbiegen → nach ca. 200 m rechts → vorbei am Sportplatz, an der T-Kreuzung links und parallel zur Straße → an der Landstraße dann nach links abbiegen → weiter auf der **Bahnhofstraße** durch **Blankenberg** → nach dem Ortsausgang an der Querstraße links → in einer Spitzkehre bergab radeln → über die **Saale** nach **Blankenstein.**

In **Blankenstein** auf der Vorfahrtsstraße über die Bahn fahren → im Rechtsbogen ebenfalls rechts in die **Karl-Marx-Straße** abbiegen und nach 100 m links halten → kurz darauf rechts, dann gleich links in den Radweg → vor dem Friedhof links halten, an der **Lobensteiner Straße** geht es rechts wieder auf den Radweg → weiter geht es bergauf.

Die Steigung hält bis zum Ortsende an → bald folgt eine weitere sehr starke Steigung → bergab geht es wieder auf der Straße in die nächste Ortschaft **Harra** → auf der Dorfstraße durch den Ort fahren → nach dem Heimatmuseum weiter bergab am Gasthof vorbei → nach ca. 500 m Anstieg geht es bergab nach **Lemnitzhammer** → nach Überqueren des Flusses **Lemnitz** rechts auf den Strandweg abbiegen. (Folgt man der Straße hinter der Brücke stattdessen nach links, gelangt man nach Bad Lobenstein und zur Ardesia-Therme.)

❹ An der Gabelung rechts halten → es geht wieder zur **Saale** hinab → an der Feriensiedlung krümmt sich der Weg nach links → danach geht es taleinwärts → nach einem Rechtsbogen über das Bächlein fahren.

❺ An der **B90** geht es nach rechts → über den Stausee nach **Saaldorf**.

Fährgast-schifffahrt
Hatzenberg 502
Kletter-wald
Saalesport-Jugendbegegnungs-stätte
PÖRITZSCH
Ratte
Grimm
ZOPPOTEN
Speicher Zoppoten
Luchsloch
Kühnsdorfer Berg
514
Hirschkopf 521
Speicher Seuptendorf
EBERSDORF
Körnersbühl 516
480
Totenfels
Blaupunkt
Saale
Saal-wald
527
Schärf
KÜNSDORF
Rittersbühl 580
Poßnigsbach
550
Ruhebene
Frankenwald-blick
Stausee
Saalburger Straße
Langgrüner Grund
Wachhübl 594
Marien-stein
Ruderregattastrecke
Muckenberger Haus
Muckenberg
Schloss Waidmannsheil
SAALDORF
Brand
571
Mooshaus
LANGGRÜN
Hoher Bühl 606
Meierhof
Höhe 597
Ziezelbach
Steinbruch
90

Den Ort **Saaldorf** auf der **B90** umfahren → am Ortsrand vor der Steigung nach links abbiegen, vorbei an einem Friedhof → der unbefestigte Weg führt bergauf → über einen Steg auf eine Forststraße → der Weg verläuft auf der rechten Seite und steigt wieder an.

❻ An der sternförmigen Kreuzung geradeaus halten.

❼ Nach nicht ganz 2 km an der Weggabelung am Rande der Lichtung rechts halten → bei der Talfahrt auf die S-Kurve achten → nach dem Queren des Baches wieder stark bergauf →

❽ beim nächsten querenden Forstweg links halten → 500 m weiter vor der Schranke nach rechts abbiegen → an der nächsten Kreuzung geradeaus → die Bucht umrunden → auf Asphalt geht es am Ufer entlang weiter nach **Saalburg** → im Ortsbereich nach einem Hotel landeinwärts → der Hauptstraße folgen und geradeaus weiter auf der **Kulmer Straße** radeln.

An der Kreuzung links weiter auf der **Schleizer Straße** → kurz darauf nach rechts und geradeaus am Sportplatz vorbei → dem **Wetteraweg** folgen.

❾ Nach rechts abbiegen → weiter auf dem **Bahntrassen-Radweg** → auf der ehemaligen Bahntrasse geht es durch **Kloster** in Richtung **Gräfenwarth**.

Nach der Brücke verläuft der Radweg etwas oberhalb der Straße → am Rand von **Gräfenwarth** durch einen Tunnel am ehemaligen Bahnhof vorbei → weiter auf dem **Bahntrassen-Radweg**.

❿ Links auf die **K558** abfahren → an der T-Kreuzung beim **Gasthof Zollhaus** nach links, auf der **K555** weiter nach **Burgk** → am Saaleturm vorbei und kurz danach von der Straße links abzweigen direkt zum Schloss.

Crispendorf
Erkmannsdorf
Deutsche Alleenstraße
Bettelmanns-
linde
Eßbach
Saale
Kirchberg
515
Walsburg
Schillerbuche
Liebschütz
Liebengrün
543
Bettelbuche
Vogelherd
459
Dörflas
Ferienland
Crispendorf
Schafbrücke
Talsperre Wisenta
Wisenta
Mühlberg
447
Stöckigtsmühle
Mönchgrün
Beyersmühle
Speicher
Mönchgrün-
Floßbach
480
486
GROCHWITZ
MÖSCHLITZ
Eichbach
Talsperre
Saalestaustufe
Krähenhügel
481
Saaleturm
Burgk
Schloss
Burgk
Zum alten Zollhaus
Sormitz
105
100
95
12
11

Vom Schloss steil bergab und hinunter zur Stadtmauer → dem Weg in einem Rechtsbogen folgen.

⓫ Am Wegweiser nach links abzweigen → auf der überdachten Holzbrücke über die **Saale** → am anderen Ufer nach rechts auf den Uferweg → nach der Rechtskurve geht es steil bergauf → wieder hinunter zum Uferweg → in **Walsburg** geradeaus auf die Straße → der Straße nach rechts über die **Saale** folgen.

⓬ Nach links abbiegen → weiter geht es dem Fluss entlang nach **Ziegenrück** → nach einer Wehr geradeaus an der Brücke vorbei radeln → bei einem Viadukt geht es in den Ort hinein.

ZIEGENRÜCK
Paska
Gössitz
Drognitz
Altenbeuthen
Start/Ziel
Wasserkraft-
museum
Naturcamping
Plothental
Amtsberg
440
Sornitzgrund
Karl-Rühl-
Hütte
ND Schleferfalte
Lasterberg
477
Eichardtsberg
453
Schlingen-
grund
Linkenmühle
422
Neumannshof
Altenroth
Ludwigshütte
421
Conrod
Drachenschwanz-
hütte
538
481
Ochsenberg
457
509
Mooshäuschen
522
Erholungsgebiet
Portenschmiede
Roter Berg
460
446
Geiersberg
Hermannsfelsen
Schleifenberghütte
510
Schleifenberg
Volkskunde-
museum
Steinbühl
529
Reitzen-
geschwenda
Deutsche Alleenstraße
Draisinenfahrten
Kleiner Otterbach
Neue Mühle
487
Zschachenmühlberg
Kirchberg
515
Saale
110
115
120
9
1
2

Kapitel 3: Von Ziegenrück nach Saalfeld

START in Ziegenrück: Auf der Vorfahrtsstraße durch den Ort und am **Wasserkraftmuseum** vorbei → von der **Saalestraße** nach links auf die **Paskaer Straße** abbiegen.

❶ Nach der Brücke am **Imbissstand** nach rechts und vom Wasser weg radeln → auf dem unbefestigten Weg weiter bergauf → weiter nach **Paska** → im Ort der Beschilderung des **R9** nach links folgen.

❷ An der Weggabelung dann nach rechts → auf der Straße bergab nach **Linkenmühle** → an der kleinen Brücke das Bachufer wechseln → rechts an der Straße befindet sich ein Gasthaus → nach links geht es zur **Fähre**.

Am anderen Ufer angelangt, geradeaus nach **Altenroth** fahren → weiter geht es bergauf nach **Altenbeuthen** → im Dorf rechts halten → am Ortsausgang wieder nach rechts → weiter nach **Drognitz**.

Im Ort an der Kirche rechts → das Dorf auf der Straße verlassen → der Straße folgend geht es weiter bis nach **Reitzengeschwenda** → hier auf der Landstraße weiter Richtung **Neidenberga**.

❸ An der Abzweigung vor **Neidenberga** links halten → die Route führt an der Uferstraße am Stausee weiter → in einer engen Kurve vorbei an der **Lothramühle**

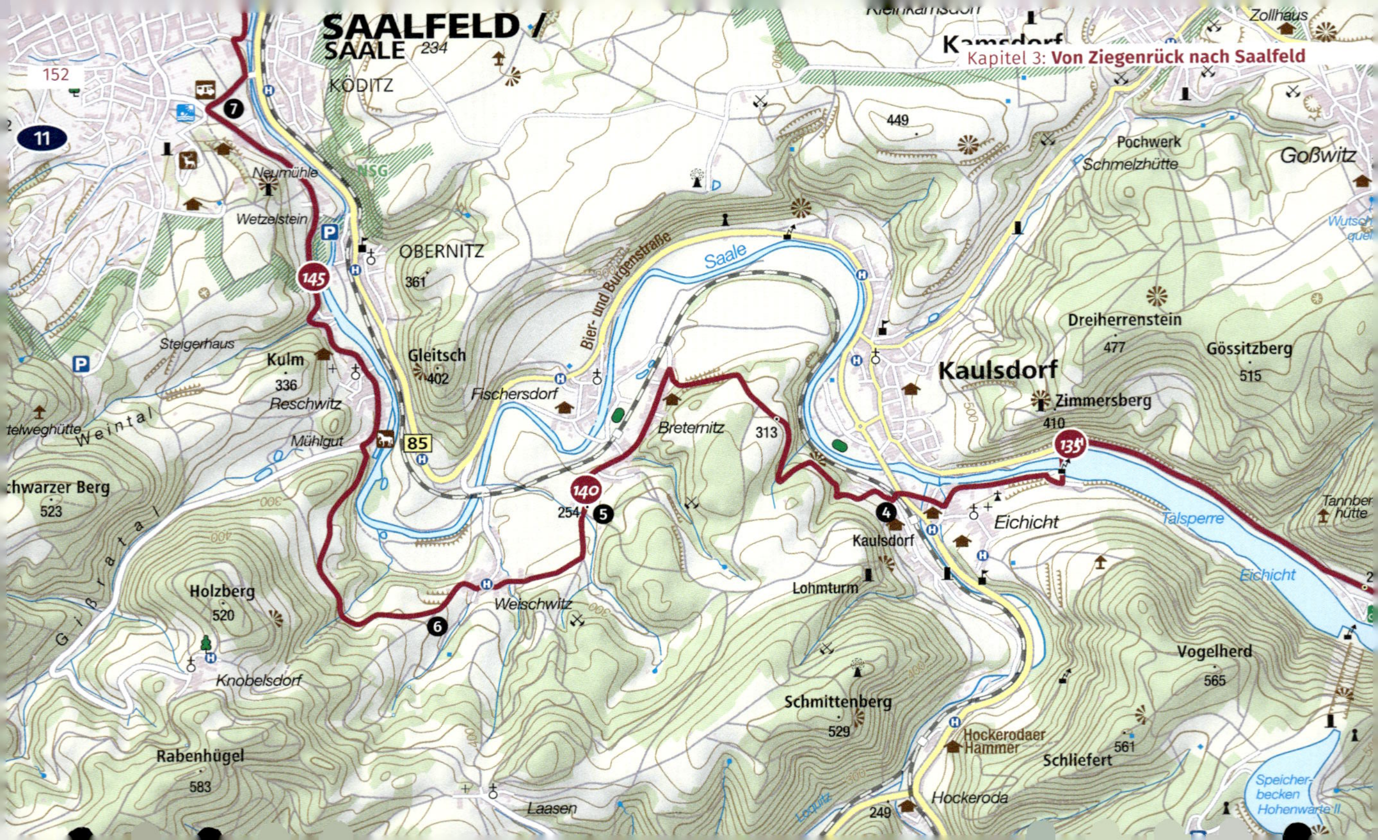
SAALFELD /
SAALE 234
KÖDITZ
OBERNITZ
361
NSG
Neumühle
Wetzelstein
145
7
11
Steigerhaus
Kulm
336
Reschwitz
Mühlgut
Weintal
Schwarzer Berg
523
Gleitsch
402
Fischersdorf
85
Bier- und Burgenstraße
Saale
140
254
5
Breternitz
313
Weischwitz
6
Holzberg
520
Knobelsdorf
Gibratal
Rabenhügel
583
Laasen
449
Pochwerk
Schmelzhütte
Goßwitz
Zollhaus
Dreiherrenstein
477
Gössitzberg
515
Kaulsdorf
Zimmersberg
410
135
4
Kaulsdorf
Eichicht
Lohmturm
Talsperre
Eichicht
Tannberhütte
Schmittenberg
529
Vogelherd
565
Hockerodaer Hammer
Schliefert
561
Hockeroda
249
Speicherbecken Hohenwarte II

→ weiter zur **Sperrmauer Hohenwarte** → nach der Sperrmauer nach links abbiegen → der Weg führt nach **Hohenwarte**

Nach dem Ort geht es am rechten Ufer des Stausees entlang → über die **Sperrmauer** → danach rechts und weiter nach **Eichicht** → nach einem Holzlagerplatz landeinwärts → an der Kreuzung nach rechts → am Gasthaus vorbei und über das Flüsschen **Loquitz** → die Bundesstraße und die Bahn queren → danach nach rechts.

❹ An der Weggabelung gleich nach links → auf der ansteigenden Straße bei der zweiten Gabelung wieder links → in einer Spitzkehre über ein Rinnsal → nach dem weiten Linksbogen wieder hinunter ins Tal → bei der Kirche von **Breternitz** knickt die Straße nach rechts ab → es geht abwärts → an der nächsten Kreuzung in einem spitzen Winkel nach links in den Ort → geradeaus durch **Breternitz** → einen kurzen Anstieg hoch.

❺ Vor dem **Tiefenbach** an der Gabelung dem Weg rechts folgen → dann in einem Rechtsbogen am Talrand nach **Weischwitz** → im Ort an der Querstraße links und gleich danach rechts halten → nach dem Ortsende geht es bergauf.

❻ an der Weggabelung rechts halten → im Wald sehr steil bergab → der Weg mündet an einer Asphaltstraße → hier nach rechts fahren → weiter nach **Reschwitz** → Der Straße durch **Reschwitz** folgen → nach einer Steigung mit knapp 10% geht es nach **Saalfeld** → vorbei am **Thüringer Schokoladenwerk**.

❼ Am Freibad rechts in Richtung Saale abbiegen →

(Fährt man stattdessen geradeaus weiter, gelangt man zu den Saalfelder Feengrotten: Reschwitzer Str. → rechts in Knochstr. → im Kreisverkehr links in die Sonneberger Str. → links auf die Bundesstr. 281 (Garnsdorfer Str.) → die zweite links in den Feengrottenweg)

→ vor der **Südstadtbrücke** nach links → nach dem Schulgebäude nach rechts in den Erschließungsweg **Saalewiesen** abbiegen → auf dem Uferweg geht es vorbei am Pioniersteg und einem Sportplatz in das Stadtzentrum von Saalfeld.

START in Saalfeld:

❶ Vorbei an der **Saalebrücke** geht es weiter auf dem Grünhain nahe dem linken Ufer der **Saale** → die Straßen- und Bahnbrücke unterqueren → und weiter am Saaleufer entlang → nach einer kleinen Holzbrücke nach rechts auf die Straße.

❷ Über die Saale → im Ortsteil **Remschütz** links halten → gleich nach dem Überqueren der Bahn nach links abbiegen → auf dem Radweg **Remschütz** verlassen → leicht bergauf und der Bahnlinie entlang → bei der Papierfabrik unter der Straßenbrücke hindurch → danach im Rechtsbogen entlang der Straße → nach links auf der Zellwollbrücke die **Saale** überqueren → auf der **Breitscheidstraße** etwa 500 m weiter → nach rechts in den **Doktor-Hermann-Ludewig-Ring** wieder an die **Saale** → an der Brücke vorbei weiter am linken Saaleufer entlang → mit der Straße nach links von der **Saale** weg und geradeaus über die Kreuzung.

❸ Nach rechts in den Rad- und Fußweg → geradeaus über die Straße → weiter auf dem Radweg an der linken Straßenseite → nach rechts auf einem Weg zur **Saale** → nach einem Linksbogen auf einer Holzbrücke über den Bach → am Querweg dann rechts → im Ortsteil **Volkstedt** geradeaus auf die schmale Straße und an Kleingärten vorbei.

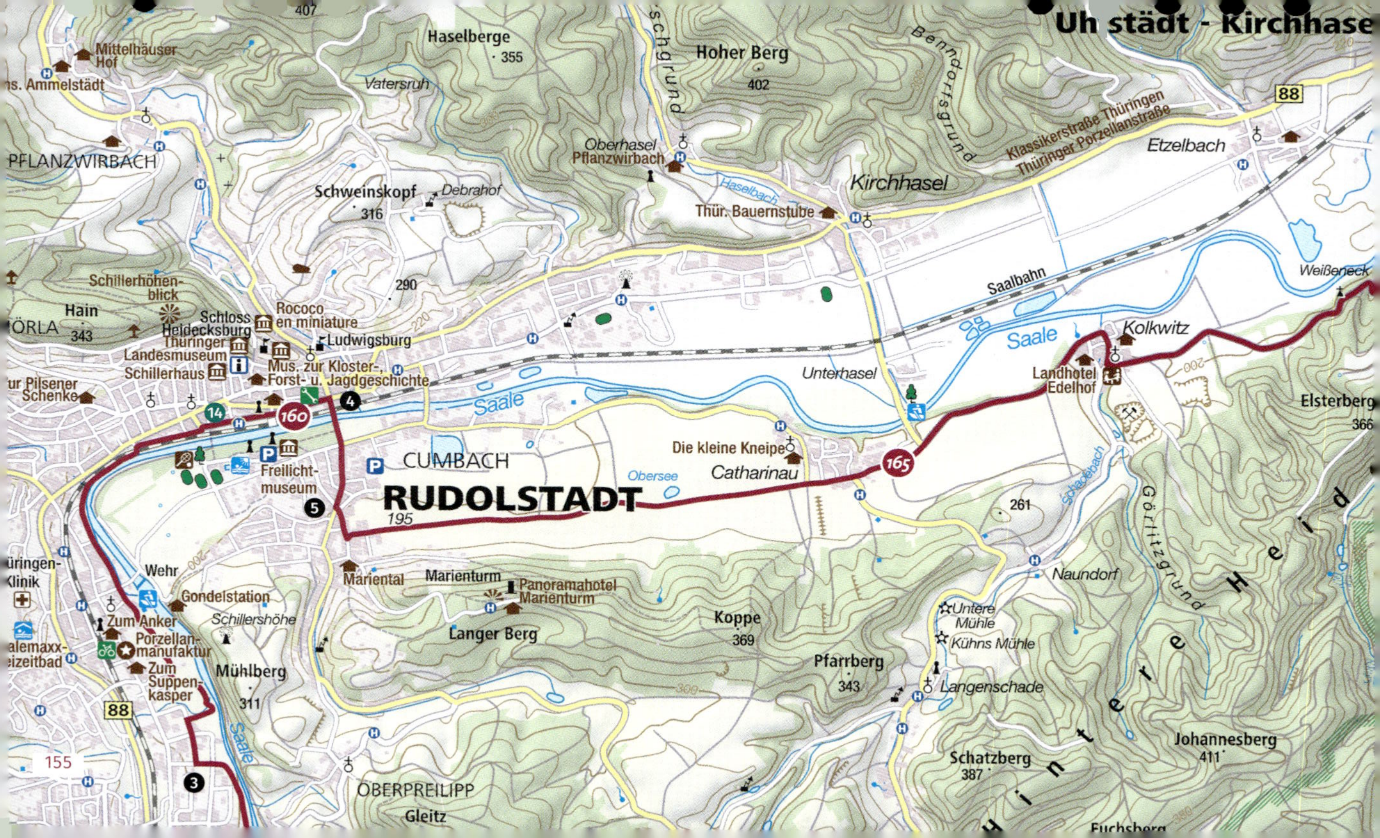
Haselberge
355
Hoher Berg
402
Benndorfsgrund
Klassikerstraße Thüringen
Thüringer Porzellanstraße
Etzelbach
Kirchhasel
Oberhasel
Pflanzwirbach
Thür. Bauernstube
Mittelhäuser Hof
Ammelstädt
PFLANZWIRBACH
Vatersruh
Schweinskopf
316
Debrahof
290
Saalbahn
Weißeneck
Kolkwitz
Saale
Unterhasel
Landhotel Edelhof
Elsterberg
366
Schillerhöhenblick
Hain
343
Schloss Heidecksburg
Rococo en miniature
Ludwigsburg
Thüringer Landesmuseum
Mus. zur Kloster-, Forst- u. Jagdgeschichte
Schillerhaus
Pilsener Schenke
Freilichtmuseum
CUMBACH
RUDOLSTADT
195
Obersee
Die kleine Kneipe
Catharinau
261
Görlitzgrund
Naundorf
Wehr
Gondelstation
Schillershöhe
Zum Anker
Porzellanmanufaktur
Zum Suppenkasper
Mühlberg
311
Mariental
Marienturm
Panoramahotel Marienturm
Langer Berg
Koppe
369
Pfarrberg
343
Untere Mühle
Kühns Mühle
Langenschade
Schatzberg
387
Johannesberg
411
Hintere Heide
OBERPREILIPP
Gleitz
Fuchsberg
Klinik
88
160
165
14
4
5
3

Geradeaus auf die Straße **Am Mühlgraben** und andder Brücke vorbei → am Ende der Straße geht es geradeaus auf den Rad- und Fußweg zwischen **Saale** und Bahnlinie weiter → an der ersten Bahnunterführung vorbei.

❹ An der zweiten auf die andere Seite der Schienen wechseln.

Achtung: Die Bahnunterführung ist nur 1,7 m hoch!

Im Bogen geht es wieder zur Bahn und links der Bahnstrecke weiter → bald parallel zum **Saaledamm** → 400 m nach dem Bahnhof auf dem Radweg nach rechts zur Bahnunterführung.

Durch die Bahnunterführung → dann im Bogen hinauf zur Stadtbrücke und über die **Saale** → am anderen Ufer am **Heine-Park** vorbei → geradeaus weiter.

❺ An der dritten Kreuzung links in die Straße **Am Gänsebach** → nach gut 200 m links in den **Flursteinweg** → weiter bis nach Catharinau → den Ort durchfahren → immer geradeaus → entlang einer Pappelreihe weiter nach Kolkwitz.

Im Ort der Straße folgen → die Kirche umfahren → bergauf geht es geradeaus weiter in Richtung **Weißen** → vorbei an **Weißeneck** zur **Weißenburg** → nach der Burg geht es stark bergab →

❻ beim Stoppschild kurz vor dem Ort Weißen nach links auf die Querstraße abbiegen → an der Saalebrücke nach rechts abbiegen → 1,5 km weiter in das Dörfchen **Oberkrossen** →

❼ auf die andere Seite der **Saale** in Richtung **Uhlstädt** → gleich nach der Bahn rechts auf den schmalen Weg abbiegen.

Am Schulgebäude vorbei → links über einen Parkplatz → vor der Hauptstraße rechts → vor dem Bahnübergang links auf den Weg parallel zu den Gleisen abbiegen → an der Seite der Gleise geht es nach **Zeusch** → im Ort kurz auf die Bundesstraße wechseln.

Eichenberg (bei Jena) 250
Dienstädt
Dehnabach
Zum Wildbach
Forstberg
Großeutersdorf 168
Walpersberg
Brunner
Große Wiesen
Gr. Aue
Kleineutersdorf 171
Lindig 260
Waldhotel Lindenmühle
Trompetenmühle
Hänge-brücke
Klassikerstr. Thüringen
Thür. Porzellanstr.
88
Buchberg
Bielerturm 408
ORLAMÜNDE 168
Kemenate
ehem. Wilhelmiten-kl.
Spitalberg
NASCHHAUSEN
272
Orlamünde
Herzogstuhl
Kulturdenkmal Jagdanlage Rieseneck
Grünes Haus
320
Rieseneck
Trompeterberg 332
Schmölln
333
Chaussee-haus
Leubengrun
Freienorla 180
Saalbahn
Alte Saale
Freienorla
Techn. Museum Untermühle
Zum Schwan
Kunstaustellung in der Kemenate
Drehbachgrund
Drehbach
Lenzensborn
Farben-kinderhof Pritschenroda
Würzbachmühle
Hardtberg 266
Hardterweg
Saale
Orla
Zeutsch
Niederkrossen
Rodberg
Weinschänke
Weißenborn
Wüste Kirche
Sieben Quellen
Sperberwände
Würzbachgrund
Würzbach
362
Wiedabach
Zeutsch
Baaderberg
Schimmersburg
Orlatal
Jagdhaus
377
Ziegelberg 314
Zum Orlatal
Vinzerla

8 Vor dem Bahnhof rechts in Richtung **Niederkrossen** → die **Saale** queren → an der Krebsmühle nach links nach **Niederkrossen** abbiegen → am Ortsanfang beim Strommast nach links → nach den Gärten auf dem Radweg immer geradeaus →

9 nach einer Rechtskurve an den Gärten vorbei radeln → an der Vorfahrtsstraße dann nach rechts → der Landstraße folgen → ab dem Sportplatz auf den Radweg links der Straße wechseln → es geht weiter nach Freienorla → nach der **Untermühle** in der Rechtskurve nach links abzweigen, Richtung **Hummelshain** → kurz danach links abbiegen → der Straße bis zum Fluss folgen, am Ufer weiter → vorbei an der Orlamündung.

10 Auf dem Radweg kurz zur Straße → gleich wieder zurück zur **Saale** → weiter nach **Kleineutersdorf** → der Saaleradweg führt geradeaus durch den Ort.

11 Bei der Gaststätte gabelt sich die Dorfstraße, hier links fahren → nach dem Ortsausgang wieder an das Saaleufer → an der Seite der Saale weiter nach **Kahla** → im Vorort **Löbschütz** bei den ersten Häusern links in die **Brückenstraße** abbiegen → auf dem Uferweg bis zur Saalebrücke → über die Brücke geht es in das Stadtzentrum von **Kahla**.

Ab der Saalebrücke in **Kahla** geht es am rechten Ufer der Saale auf der Straße **Am Anger** weiter → an der Dreierkreuzung links halten.

Achtung: Die Straße ist hier unbefestigt!

Entlang eines Zauns wieder zurück an das Ufer der **Saale** → leicht bergab → am Abzweig eines Fußwegs geradeaus, aus dem Wald heraus.

⓬ An der Weggabelung links → weiter bis nach **Großpürschütz** → im Ort bis zur Querstraße vor und links abbiegen → über den Fluss → vor der Bahn rechts → entlang der Bahnböschung geht es weiter auf einem Radweg bis nach **Schöps** → im Ort nach rechts und zur **Saale** → über den Fluss und einen Nebenarm → nach der Brücke geradeaus weiter.

⓭ Im Ortsteil **Jägerdorf** an der Vorfahrtsstraße links → weiter auf der Landstraße → leicht abfallend geht es durch den Ortsteil **Oelknitz** → der Landstraße über die **Saale** und der Bahn folgen → nach rechts fahren.

⓭ In der Linkskurve rechts abbiegen → vor dem Bahnhofsgebäude über die Gleise → danach gleich links → von den Gleisen weg → beim Sportplatz nach links, geradeaus weiter nach **Maua** → an einem Teich vorbei →

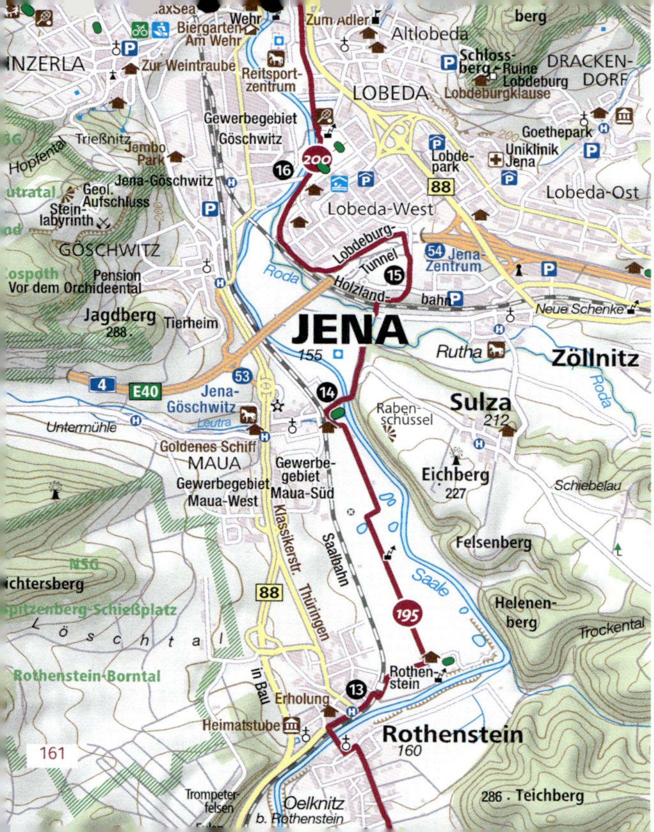

14 beim Sportplatz rechts abbiegen → über die Brücke und geradeaus weiter auf der Kreisstraße → nach der Rechtskurve links unter der Bahnbrücke hindurch → dem Weg folgen.

15 An der Gabelung links halten, über den Autobahntunnel → nach links wieder zur Bahn → im Bogen geht es an der Seite der Bahnlinie weiter durch Jena Lobeda.

16 Unter der Brücke hindurch wieder an das Ufer der Saale → nach zwei Sportplätzen und einer Baumschule weiter bis zur Stadtautobahn → links entlang der Straßenbahnschienen → die Straßenbahnbrücke unterqueren → weiter am rechten Ufer der Saale an der Stadtautobahn entlang → vor den Sportplätzen über die Straßenbahnschienen, weiter in Richtung Stadtzentrum Jena, auf dem Radweg Oberaue → den Park durchqueren.

17 Die breite Stadtrodaer-Straße an der Fußgängerampel überqueren → nach links über die Saalebrücke.

Kapitel 5: **Von Jena nach Naumburg**

START in Jena: Nach der Saalebrücke gleich rechts auf den Radweg zwischen Bahndamm und dem linken Saaleufer → auf der nächsten Brücke wieder die **Saale** überqueren → nach der Brücke links, weiter auf dem **Wenigenjenaer Ufer.**

❶ Zwischen den Häusern leicht rechts in die **Dammstraße** → an der nächsten Kreuzung in die **Tümplingstraße** → an der Schule links in die **Kunitzerstraße** → unter der Bundesstraße durch → weiter auf die Straße **Am Erlkönig.**

❷ Hier links halten → an der nächsten Kreuzung rechts → vorbei am **Schloss Thalstein** → 700 m hinter dem Schloss links abzweigen in Richtung **Saale** → dem Asphaltweg in Richtung **Kunitz** folgen.

❸ An der Querstraße vor dem Ort nach links auf die überdachte **Kunitzer Holzbrücke** → am anderen Ufer der **Saale** rechts → vor der nächsten Straßenbrücke links auf dem Asphaltweg entlang der **Saale** weiter → nach dem Links-Rechts-Schwenk durch die Felder → am rechten Flussufer befindet sich ein Campingplatz → hier über das Saalewehr fahren → links in Richtung **Golmsdorf** radeln → über die **Saale**.

Jena
Jena-Nord
Neuengönna
Golmsdorf
Porstendorf
Beutnitz
Löberschütz
Jenalöbnitz
Tautenburg
Zwätzen
Löbstedt
Kunitz
Laasan
Nerkewitzer Grund
Tautenburger Wald
Gleistal
Löbnitztal
Jägerberg
Plattenberg
Hufeisen
Großer Gleisberg
Alter Gleisberg
Saale
Saalbahn
Zum Gleistal
Zur Kunitzburg
Camping bei Jena
Porstendorfer See
Ruine Kunitzburg
Museum 1806
Bulgarische Stube
Café Nachtigall
Pappelheim
Thüringer Landessternwarte
Gewerbegebiet Saalepark
Bowling Roma

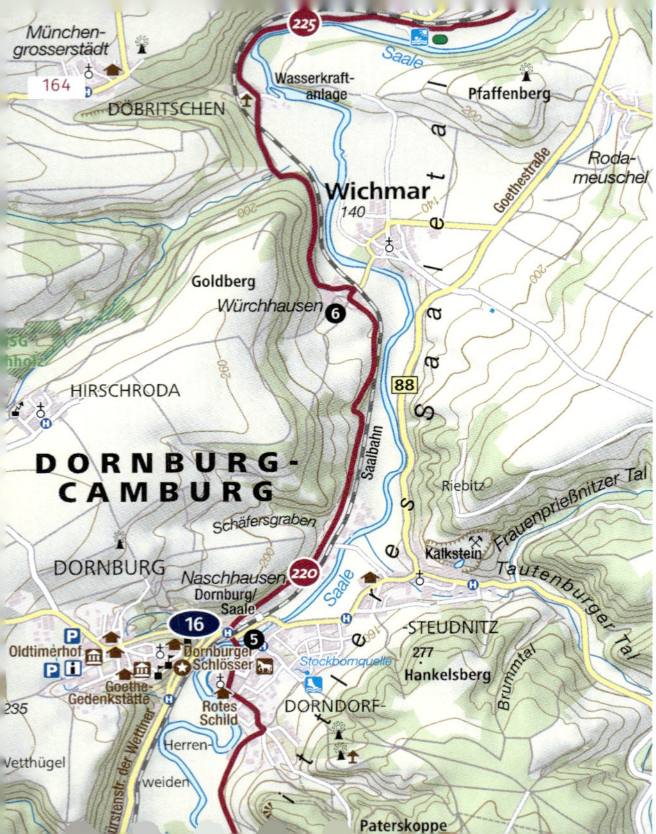

Am Rand von **Golmsdorf** gleich nach links → weiter bis zur T-Kreuzung → nach links in Richtung **Bürgel** weiter.

❹ An der scharfen Rechtskurve nach links abbiegen → rechts der **Saale** geht es nach **Dorndorf-Steudnitz.**

Im Ort nach links auf der Dorfstraße weiter.

❺ Beim Parkplatz links über die **Carl-Alexander-Brücke** → auf der **B88** die Bahnlinie queren → rechts befindet sich der **Bahnhof Dornburg** → gleich nach dem Bahnübergang rechts in die **Jahnstraße** abbiegen → dem Bahnverlauf folgen.

❻ Im Weiler **Würchhausen** nach den ersten Häusern rechts → im Linksbogen durch den Ort → nach dem Ort geht es am Waldrand entlang → nach einer abfallenden Linkskurve den Bach queren, unter der Bahnlinie hindurch → auf der gepflasterten Straße durch **Döbritschen** → nach dem Dörfchen geht es zwischen Bahn und Saale weiter.

❼ An der Bahnunterführung rechts auf dem Weg weiter zum Freibad → auf dem Weg bleiben, weiter am Sportplatz vorbei → zum Abzweig **Bahnhofstraße**, geradeaus → an den Kleingartenanlagen vorbei entlang der **Saale** → hinter dem Feuerwehrhaus nach links abbiegen → rechts die **Friedensbrücke**

die **Saale** überqueren → wieder nach links → beim Parkplatz über die kleine Fußgängerbrücke zum **Kirchplatz** von **Camburg**.

❽ Vom **Kirchplatz** in die **Semmelweisstraße** fahren → am Ende nach links in die **Puschkinstraße** → über die Bahnlinie und an der Vorfahrtsstraße rechts in Richtung **Stöben** → der Landstraße folgend weiter → an den Häusern von **Stöben** vorbei.

❾ Am Ortsausgang nach rechts → über die Gleise → hinter dem Bahnübergang nach links auf den Radweg → bei **Weichau** nach rechts → danach über die **Saale**.

❿ In **Kaatschen** nach der Brücke links abbiegen, weiter bis nach **Kleinheringen** → im Ort der Wegbiegung nach rechts folgen → dann geradeaus auf die Vorfahrtsstraße → der Landstraße folgen, die **Saale** queren → nach der Bahnunterführung wieder an das andere Saaleufer → nach **Saaleck** hinein radeln.

⓫ Nach der Brücke in die **Burgstraße** rechts in Richtung der Bahngleise abbiegen → die Gleise auf der Brücke queren → zur **Rudelsburg** dem Weg kontinuierlich ansteigend geradeaus folgen → an der Kehre zuerst nach links → danach zweigt die Route rechts zu einer **Aussichtsterrasse** ab.

Vom Bergrücken entlang des Steingeländers wieder talwärts → vorbei an einem **Kriegerdenkmal**.

Achtung: Der sehr steinige Weg führt über einige Felsstufen recht steil bergab! Bei Nässe hohe Rutschgefahr!

Anschließend auf einem breiten und ebenen Forstweg weiter in das Tal → beim ersten Abzweig im Wald geradeaus → an der nächsten Abzweigung nach rechts →

⓬ beim Eingang des Campingplatzes weiter auf einem asphaltierten Weg → in der ersten Kurve links auf den abzweigenden Uferweg → weiter entlang der Uferpromenade in **Bad Kösen** → dann dem Promenadenweg **Loreleypromenade** bis zur Saalebrücke folgen.

In **Bad Kösen** auf der Promenade bis zum **Pumpwerk** radeln → danach links und über die **Saale** →

(Fährt man stattdessen vor der Flussüberquerung rechts und folgt der Naumburger Str. (87) nach Osten, gelangt man nach ca. 2 km direkt zur Landesschule Pforta mit Besucherzentrum.)

→ anschließend rechts auf dem Radweg durch die Bahnunterführung → in die nächste Straße nach rechts → an der nächsten Kreuzung wieder rechts.

Bad Kösen.
167

An der **Saale** auf der **Saalstraße** weiter → dem Anliegerweg **Saalberge** bis zur Landstraße bei **Äpplerberge** folgen → rechts abbiegen nach **Almrich** → über die **Saale**, vor der Bahn links auf den Weg Richtung **Roßbach** und **Unstrutmündung** → der Weg nähert sich der Bahn und verläuft dann entlang der **Kleinen Saale** → kurz vor der Mündung in die **Große Saale** über den Steg → dann entlang des rechten Ufers der **Saale**.

⓭ Unter den Bahngleisen und der **B180** hindurch → am Ufer der Saale entlang weiter → vorbei am Campingplatz Blütengrund → bei Naumburg-Henne unter der Saalebrücke und dann unter der Bahnbrücke hindurch.

⓮ Beim Pegelhaus Grochlitz gibt es die Möglichkeit, rechts nach Naumburg abzuzweigen.

NAUMBURG
(Saale)
Start/Ziel
Naturpark Saale-Unstrut-Triasland
GROSSWILSDORF
KLEINJENA
ROSSBACH
ALMRICH
SCHULPFORTE
BAD KÖSEN
GROCHLITZ
WEICHAU
SCHELLSITZ
EULAU
Wethau
Max-Klinger-Haus
Steinernes Album
Wasserschlößchen
Blütengrund
Henne
Wein- u. Sekt-manufaktur
Luisenhöhe
Kies
Bockwindmühle
Hallescher Anger
Hist. Straßenbahn
Dom St. Peter und Paul
Stadtpark
Marientor
Stadtmuseum
Wenzelskirche
Nietzsche-Haus
Wasserkunst
Bürgergarten
Steingarten
Alter Felsenkeller
Milchschenke
Rosental
Roter Berg
Straße der Romanik
Weinstraße Saale-Unstrut
Weinberge
Weinberg Steinmeister
Äpplerberge
Saalhäuser
Landesweingut Kloster Marien zu Pforta
Fischhaus
Bismarckturm
NSG
Saale-Ilm-
Ferien- und Freizeitpark EUROVILLE
Freizeitbad "bulabana"
ehem. Zisterzienserkloster Sanctae Mariae ad Portam
Platten bei Bad Kösen
Romanisches Haus
Langer Berg
Unstrut
Saale
Kleine Saale
245
250
255
13
14
15
17
87
180
262
238
244
200
160
149
105
108
122
133
141
159
197

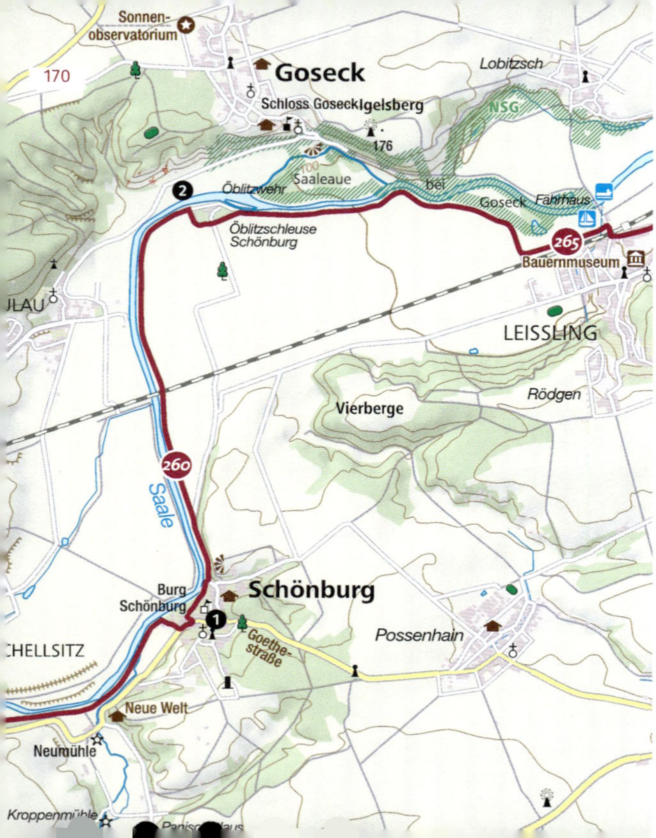

START am Pegelhaus bei Naumburg: am Saaleufer weiter radeln → nach dem **Alten Felsenkeller** an der Weggabelung rechts entlang der Bäume → in einer leichten Rechtskurve weg vom Fluss → über einen Parkplatz zur Ortsstraße von **Schönburg** → hier links.

❶ Vor der Burg links, auf dem Weg wieder zum Ufer → an der Straße links abbiegen → weiter am Fluss entlang →

❷ nach 2,5 km vor der Feriensiedlung nach rechts → an der Kreuzung geradeaus → vor den Bahngleisen links → in **Leißling** an der Querstraße rechts und über den Bahnübergang in den Ort → nach den Bahngleisen links →

❸ am Ortsende nach rechts und in die Querstraße → am Waldrand nach links abbiegen → dem Radweg vorbei dem Saalealtarm folgen → entlang der Bahn bis zu einer Gartenanlage → auf die Asphaltstraße wechseln → bei den letzten Häusern auf den Radweg nach links → zwischen der Bahnböschung und der Feriensiedlung weiter → am Bahnübergang die Gleise nach rechts überqueren.

WEISSENFELS
BURGWERBEN
STORKAU
MARKTWERBEN
Mäuseturm
Salpeter-
hütte
NEUSTADT
UICHTERITZ
BEUDITZ
Saale
NSG
Kinder-u.
Jugendmuseum
St. Laurentius
Schloss
Neu-Augustusburg
Novalishaus
Heimat-
naturgarten
Allwetter-
rodelbahn
Schöne Aussicht
Fährhaus
Bauernmuseum
LANGENDORF
LEISSLING
Goethestraße
Str. der Romanik
Braunkohle
Rittergut
Burgwerben
Tschhirnhügel
Standort-
übungsplatz
Lösau
BORAU
KLEBEN
Straße der Braunkohle
Zörbitz
Gerstew
ZORBAU
Sachsen-Anhalt-
Kaserne
Autohof
E49
E51
9
176
91
87
275
270
65
4
3
144
138
98
160
140
180
100

In **Weißenfels-West** nach dem Bahnübergang gleich die erste Abzweigung nach links in die Straße **Am Storochennest** → nach 450 m links hinunter, unter der Bahn hindurch → nach dem zweiten Tunnel nach rechts in Richtung **Beuditz** → an der Schleuse vorbei → dem Knick folgen, an der Straße **Am Forsthaus** links → entlang der Bahn, die Gleise unterqueren → dem **Mühlweg** bis zur Kreuzung folgen → links bis zur **Großen Brücke** – unter der Brücke hindurch → geradeaus entlang der **Saale**.

❹ Die **Saale** auf der Fußgängerbrücke überqueren.

In Weißenfels nach der Brücke rechts in die **Bahnhofstraße** → entlang der Bahnlinie auf der Straße **Am Bad** → an Schrebergärten und der Kläranlage vorbei → unter einer Straßenbrücke hindurch → weiter nach **Kriechau** → an der T-Kreuzung links und gleich wieder rechts in die **Kriechauerstraße** → der Straße an der Kirche vorbei folgen → nach dem Rechtsbogen am Ortsrand links unter der Bahnbrücke hindurch → weiter geht es nach **Schkortleben**.

❺ Kurz vor der Landstraße dem Radweg nach rechts folgen → am Querweg wieder nach rechts und unter der Autobahnbrücke hindurch → an der Straße in Richtung **Kleinkorbetha** nach rechts und über die Saale.

GODDULA
VESTA
Kraßlau
Leina
GROSSKORBETHA
Großkorbetha
Wasser-
turm
Fuchsberg
Bäumchen
126
Autohof
26
Leuna
Straße der Romanik
Straße der Braunkohle
91
38
280
OEBLES-SCHLECHTEWITZ
Kleinkorbetha
6
Gniebendorf
119
Saale
SCHKORTLEBEN
5
Oeglitzsch
9
19 Kreuz Rippachtal
27
140
Kriechau
DEHLITZ
Weinberg
Feldmühle
Rippach
124
120
100

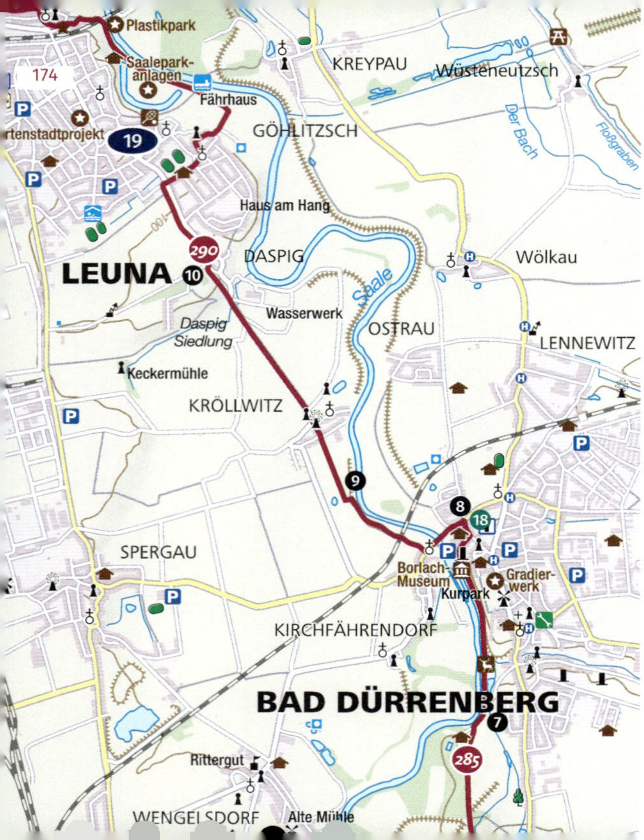

❻ In **Kleinkorbetha** vor der Kirche nach links → an der Gabelung links halten und in der Rechtskurve geradeaus an den Häusern weiter → bei dem Friedhof an der Gabelung rechts halten auf die **Oebleserstraße** → im Ort an der **Oebleserstraße** links → an der folgenden Kreuzung links in die **Schreberstraße** → in das Dörfchen **Vesta** → nach rechts in die **Vestaerstraße** → nach dem letzten Haus links.

❼ Nach gut 1 km an der Gabelung links → am Ufer der **Saale** nach **Bad Dürrenberg** → einen Bach überqueren → weiter auf dem **Saaleweg** in den Ortskern zum **Borlachturm**.

Am Saaleradweg kurz vor der Brücke nach rechts vom Fluss weg → an der T-Kreuzung links in die Straße **Apothekerberg**.

❽ An der Straße **An der Brücke** links fahren und über die Brücke → nach der Brücke gleich rechts auf den befestigten Rad- und Fußweg → dem Damm entlang → unter den Bahngleisen hindurch, weiter am Damm entlang.

❾ Bei der Gabelung unter der Hochspannungsleitung links → weiter nach **Kröllwitz** → im Ort weiter bis zur Landstraße → hier auf den linksseitigen Radweg wechseln → kurz vor **Daspig** im Rechtsbogen der Straße geradeaus weiter auf dem Radweg folgen → durch **Daspig** radeln.

❿ Die Straßenbahnschienen vor der Kleingartenanlage queren → an der nächsten Kreuzung rechts → wieder über die Schienen → nach einem Sportplatz an der Kirche vorbei zur **Saale** → auf dem Uferweg weiter → die Bahnlinie unterqueren → nach links durch **Rössen** auf der Straße **Am Hügel**, weiter auf der **Brückenstraße** → dann nach links in die **Austraße** und wieder zur **Saale** → dem Fluß folgen.

⓫ Nach den Sportplätzen in die Leunaerstraße → hier nach rechts → der Straße in Merseburg am Friedhof vorbei folgen.

⓬ Bei der Kreuzung vor der Autowaschanlage und dem Autoverleih nach rechts in den Weg **Am Saalehang** abbiegen → die nächste gleich links und unter der Bundesstraße hindurch → dann gleich rechts parallel zur Straße fahren → nach dem Linksbogen am Parkplatz vorbei weiter → an der Querstraße rechts über den **Marktplatz** von **Merseburg**.

Vor der Kirche rechts in die Straße **Ölgrube** → nach dem Parkplatz links → an der Gabelung auf die Straße **Am Neumarkt** → bei der Brücke geradeaus weiter auf den Uferweg → unterhalb des Schlosses vorbei → nach dem Schlossgarten geradeaus → am Wendekreis und dem Treppenweg zur Oberaltenburg vorbei → durch den Park → nach den Parkplätzen rechts dem Flüsschen **Klia** entlang.

⓭ Auf einer kleinen Brücke den Bach queren → am Hundeplatz vorbei → weiter auf dem Parkweg durch den Stadtpark bis zum Saaleufer → links der **Saale** in Richtung **Schkopau** → an der Eisenbahnunterführung vorbei, beim Klärwerk geradeaus → an der Bahnbrücke nach links unter der Brücke hindurch → gleich wieder links und erneut unter der Brücke hindurch die steile Rampe hinauf → auf der Bahnbrücke zum anderen Ufer der **Saale**.

⓮ An der Straße links unter den Bahngleisen durch → am rechten Ufer der Saale entlang → kurz vor der Bundesstraße links → die **B91** unterqueren → der asphaltierten Straße folgen → unter der **Saale-Elster-Talbrücke** hindurch → in **Planena** zuerst rechts am Ortsrand entlang → beim Teich am Ortsende rechts auf den Feldweg.

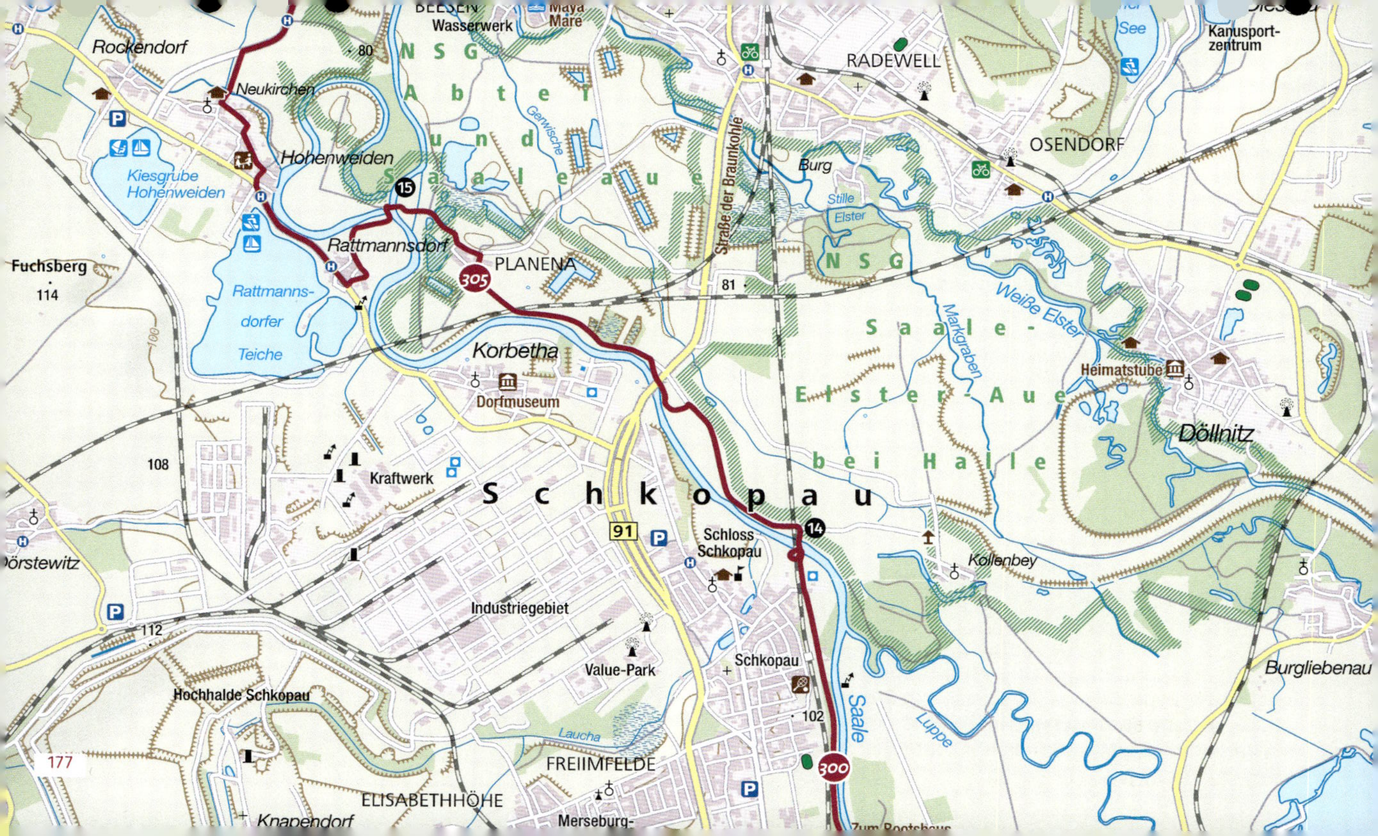
Rockendorf
Neukirchen
Wasserwerk
Maya Mare
NSG
Abtei und Saaleaue
Gerwische
Hohenweiden
Kiesgrube Hohenweiden
Rattmannsdorf
Rattmannsdorfer Teiche
PLANENA
305
Fuchsberg
114
80
Korbetha
Dorfmuseum
Straße der Braunkohle
81
RADEWELL
OSENDORF
Kanusport-zentrum
See
Burg
Stille Elster
NSG
Weiße Elster
Markgraben
Saale-Elster-Aue bei Halle
Heimatstube
Döllnitz
Schkopau
Kraftwerk
108
91
Schloss Schkopau
14
Kollenbey
Industriegebiet
Value-Park
Schkopau
102
Saale
Luppe
300
Burgliebenau
Dörstewitz
112
Hochhalde Schkopau
Laucha
FREIIMFELDE
ELISABETHHÖHE
Knapendorf
Merseburg-
Zum Bootshaus
15

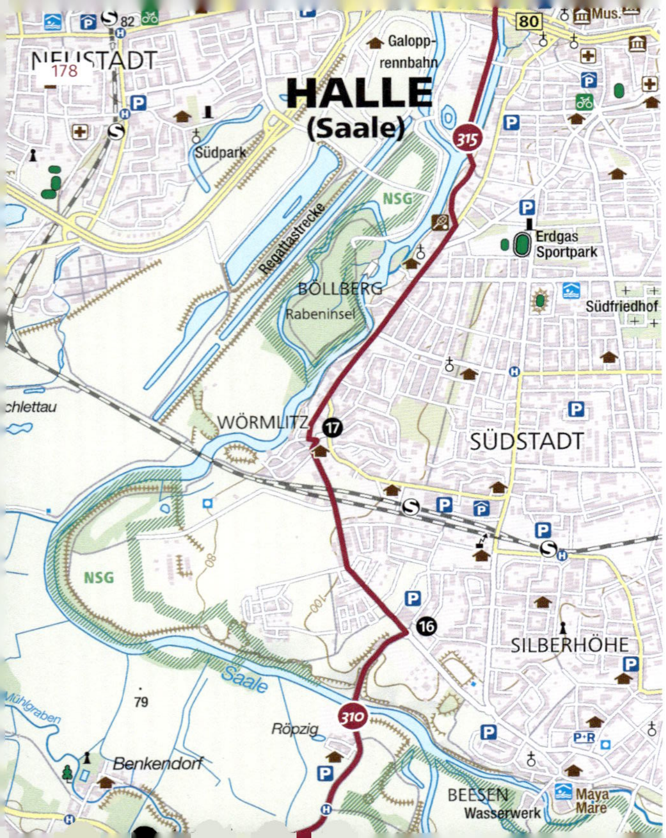

⓯ Die Schleuse überqueren, dann gleich nach links → durch die Saalewiesen bis **Rattmannsdorf** → dort an der Landesstraße rechts in Richtung **Hohenweiden** → im Ort in die erste Querstraße nach rechts abzweigen → auf der **Straße des Friedens** weiter → nach etwa 700 m an der Kreuzung am **Lindenplatz** rechts über die Brücke → an der T-Kreuzung wieder rechts, dann in Richtung **Röpzig** → die Brücke über die **Saale** nehmen.

⓰ Am Kreisverkehr links in Richtung **Halle** in die **Kaiserslautererstraße** abbiegen → der Straße in den Stadtteil **Wörmlitz** folgen → auf dem Radweg weiter und entlang des **Böllberger Wegs** in Richtung Innenstadt.

⓱ Beim **Wörmlitzer** Hof, in Höhe der Straßenbahnhaltestelle **Böllberg**, an der Gabelung links → entlang einer alten Güterbahntrasse → über die **Hafenbahnbrücke** auf eine Saaleinsel → am Ufer entlang in das Stadtzentrum von **Halle** → am **Gasometer** vorbei unter der Straßenbrücke hindurch → an der **Mansfelder Straße** nach links abbiegen.

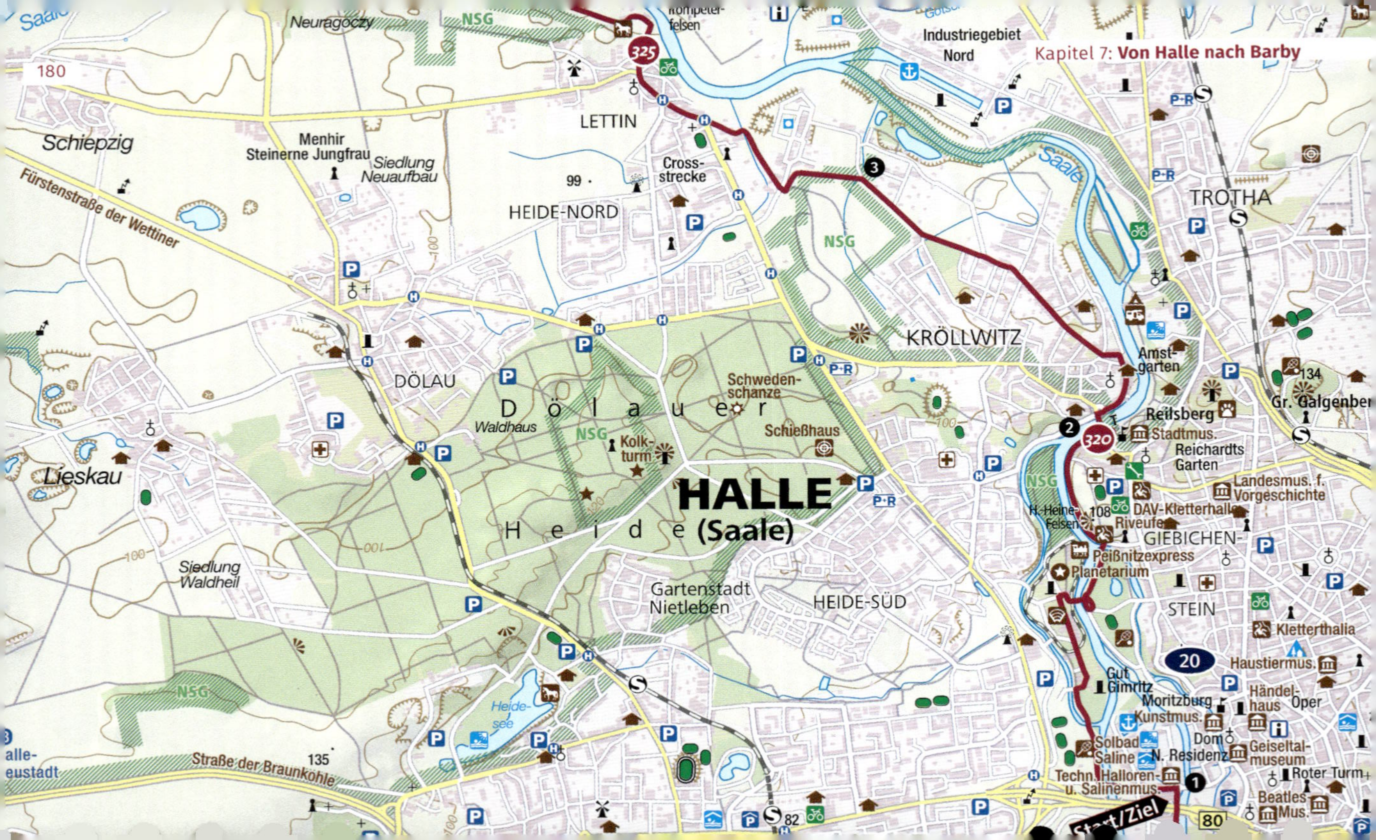
Neuragoczy
NSG
325
LETTIN
Schiepzig
Menhir
Steinerne Jungfrau
Siedlung
Neuaufbau
Fürstenstraße der Wettiner
99
Cross-
strecke
HEIDE-NORD
Industriegebiet
Nord
Saale
TROTHA
KRÖLLWITZ
DÖLAU
Dölauer Heide
Waldhaus
Kolk-
turm
Schweden-
schanze
Schießhaus
HALLE
(Saale)
Lieskau
Siedlung
Waldheil
Gartenstadt
Nietleben
HEIDE-SÜD
Heide-
see
Straße der Braunkohle
135
82
Amst-
garten
Reilsberg
Stadtmus.
Reichardts
Garten
134
Gr. Galgenber
320
Landesmus. f.
Vorgeschichte
DAV-Kletterhalle
Riveufer
H.-Heine-
Felsen
108
GIEBICHEN-
STEIN
Peißnitzexpress
Planetarium
Kletterthalia
Haustiermus.
20
Gut
Gimritz
Moritzburg
Kunstmus.
Händel-
haus
Oper
Dom
Solbad
Saline
N. Residenz
Geiseltal-
museum
Techn. Halloren-
u. Salinenmus.
Roter Turm
Beatles
Mus.
Start/Ziel
80
1
2
3

❶ **START**: Auf der **Mansfelder Straße** über die **Elisabeth-Saale** → gleich nach der Brücke rechts → über eine Brücke auf die **Peißnitzinsel** → dann links am Ufer der **Wilden Saale** entlang auf die **Peißnitzallee** → über einen großen Platz folgen → rechts auf der **Peißnitzbrücke** über die **Saale** → rechts unter der Brücke hindurch → weiter am Uferweg → über die **Ochsenbrücke** → links auf die Straße **Riveufer**.

❷ Die **Saale** über die **Kröllwitzerbrücke** unter der Burg **Giebichenstein** queren → nach der Brücke rechts auf die tiefer gelegene **Talstraße** → am Ufer links → weiter auf der **Lettinerstraße** → durch die Vorstadt.

❸ Nach der Kleingartenanlage nach links auf den Rad- und Fußweg abbiegen → nach 400 m an der Kläranlage vorbei → die Straße **Zum Teich** queren, weiter geradeaus → links über die Brücke nach **Lettin** → an der Hauptstraße rechts, leicht bergauf → geradeaus über die Kreuzung in Richtung **Salzmünde** → in der Linkskurve geradeaus in die Uferstraße → im Bogen nach links der Straße folgen → weiter geradeaus nach **Neuragoczy** → nach rechts auf die gepflasterte Straße zur Fähre.

Naturpark Unteres Saaletal
Mücheln
Templer-kapelle
Lettewitz
Görbitz
Sylbitz
Halle-Trotha
14
15
335
330
21
4
146
74
Zaschwitz
Krähenberg
116
Kühlbach
Raunitz
GIMRITZ
NSG Porphyrlandschaft bei Gimritz
Beidersee
Lerchenhügel
DÖBLITZ
0-jährige Linde
143
Fienstedt
Friedrichs-schwerz
Fuchsberg
NSG
Küsterberg
Bornsberge
105
Gödewitz
Langer Berg
Pfützthal
BRACHWITZ
Felsenbühne
108
Saale

❹ In **Brachwitz** an der ersten Kreuzung links → zur **Thomas-Müntzer-Straße** → durch **Döblitz** nach **Mücheln** → in **Mücheln** vor der Kirchmauer links abbiegen und auf die **L161** fahren → auf der Landesstraße geradeaus leicht bergab weiter nach **Wettin**.

345
NSG
157
Saaledurchbruch
FRIEDEBURG (SAALE)
bei Rothenburg
Die Weiße Wand
Dobis
Dößel
Neumühle
Saale
Siedlung
Zabitz
Oeste
Krähenberg
Rumpin
129
Schachtberg
NEUTZ
WETTIN-LÖBEJÜN
5
Fürstenstraße-der-Wettiner
150
Deutleben
Lowitzer
Bismarckturm
135
Stadthügel
340
108
Berge
Kloschwitz
Pögritzmühle
WETTIN
22
Mühlschäferei
Burg Wettin
Aussichtsplattform

Auf der Uferstraße **Wettin** verlassen → der Häuserzeile am Fluss entlang folgen in Richtung **Rothenburg** → vorbei an der **Pögritzmühle** → vom Fluss weg.

❺ Über einen Bach radeln → links abbiegen → vor dem Saalealtarm rechts → beim Pumpwerk links halten → vor einem Teich geht der Weg landeinwärts in Richtung **Dobis** → im Ort an der T-Kreuzung links abbiegen → entlang des Altarms der Saale an einem Bauernhof vorbei → dem Asphaltweg Richtung Rothenburg folgen → vorbei am Abzweig der Fähre leicht bergauf nach **Rothenburg** hinein.

❻ Vor der Kirche links in die **August-Bebel-Straße** → an der Querstraße rechts in Richtung Turnhalle – auf Höhe der Bahnbrücke geradeaus.

Achtung: Dieser Abschnitt des Radwegs ist steinschlaggefährdet!

❼ Hier über die Bahngleise → über die Uferwiesen nach **Georgsburg** → die Landstraße unterqueren.

❽ Gleich links zum Klärwerk → dem Asphaltweg folgen → links unter der Bahn hindurch → am östlichen Feldrand entlang → zum Saaleufer und flussnah am Damm entlang links → um das Dorf **Trebnitz** herum → rechts am Sportplatz vorbei → dann links in die Felder abbiegen →

9 bei der Gabelung an der Kirche links → am Sandwerk vorbei durch **Zweihausen** → auf dem Radweg links der Bundesstraße nach **Mukrena** → auf der Brücke über die **Saale**.

10 Nach rechts in Richtung der Altstadt von **Alsleben**.In **Alsleben** von der **Bernburger Straße** rechts in Richtung Stadtbad → links auf dem asphaltierten Weg nach Ortsende einen Bach queren → unter der Bahnbrücke durch und an der **Saalemühle Alsleben** vorbei.

11 Über den Platz rechts unterhalb der Gärten weiter.

12 Bis zum letzten Becken an der T-Kreuzung → nach rechts und unter der Autobahn durch → geradeaus zur **Saale** nach **Großwirschleben** → den Ort auf der Uferroute durchqueren → am Terrassenrand in Richtung **Plötzkau**.

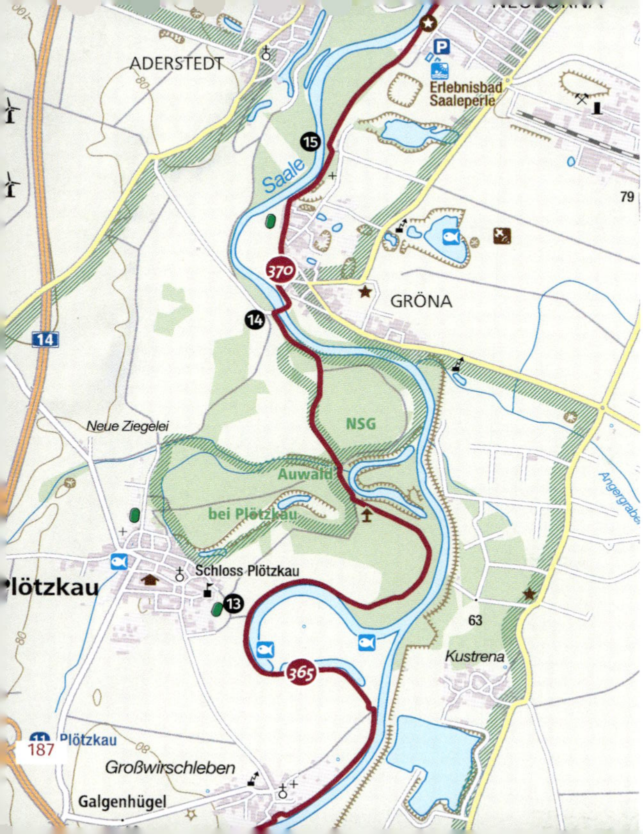

⑬ Hier auf dem Dammweg rechts halten → dem Weg am Rande des Altarms folgen.

⑭ Rechts abzweigen über die Brücke → kurzer Anstieg bis zum Ort **Gröna** → auf der Straße durch den Ort → geradeaus in den Wald zum **Grönaschen Busch**.

⑮ Nach dem Friedhof links halten.

⑯ Beim Wasser- und Schifffahrtsamt auf die Ortsstraße nach **Bernburg** → nach 30 m links des Hangs in den Wald hinunter → dem befestigten Weg ufernah folgen → am Ufer durch die Fischergasse → an der Schleuse **Bernburg** vorbei → in die **Mühlstraße** bis zur **Marktbrücke** → am **Saalplatz** rechts in die **Wilhelmstraße** zum Zentrum von **Bernburg**.

STRENZFELD
Bernburg-Strenzfeld
Anton-Saefkow-Siedlung
Straße der Romanik
ALTENBURG
Turmholländer-mühle
Saale
380
Großsteingrab Bierberg
LATDORF
Hügelgrab Pfingstberg
Hügelgrab Polsberg
Wasserwerk
6
TALSTADT
WALDAU
Hasen-turm
Marienk.
Naherholungsgebiet Krumbholz
Stadtpark
375
18
DRÖBEL
Schloss Bernburg
Tiergarten
17
Schlossmuseum
Martins-pl.
BERNBURG
(Saale)
85
Fuhne
91
Schulze-Boysen-Siedlung
Kesslerturm
Paradies Märchengarten
Sport-forum
B.E.S.T. Sport- u. Tourismuspark
Wipper
Zörnitzer Mühle
16
23
Wasserturm
Gedenkstätte für die Opfer der NS-"Euthanasie"
NEUBORNA

⑰ In **Bernburg** auf der Kreuzung links abbiegen auf die **Friedensallee** → an der großen Kreuzung geradeaus über die **Bahnhofstraße** → auf dem Radweg vorbei an den **Solvay Alkaliwerken** → auf der **Köthenschen Straße Bernburg** verlassen → den Bach **Fuhne** überqueren →

⑱ 700 m nach der Brücke links in die Straße **Am Ausladeplatz** → zum Saaleufer und nach rechts weiter am Vorort **Dröbel** vorbei → unter der Straßenbrücke durch am Fluss entlang bis nach **Grimschleben** → auf dem Anwohnerweg durch die Gartenanlage.

⑲ An der Gabelung links halten → der Weg mündet in die Landstraße → hier rechts abbiegen.

⑳ Links Richtung **Wedlitz** abbiegen → in **Wedlitz** auf der Dorfstraße an der Kirche vorbei → weiter auf der Hauptstraße Richtung Norden → auf der Hauptstraße bleiben und **Wispitz** durchqueren.

㉑ Am nördlichen Ortsrand nach links → am Ufer entlang.

㉒ An der nächsten Kreuzung wieder links am Ufer entlang → an der Landstraße L63 nach links.

TORNITZ
26
400
Werkleitz
Rosenburg
Blaues Band
Fährwindehaus
Gierseilfähre
25
Dammhaus
Solarpark
Grizehner Teiche
Grizehne
Calbe (Saale) Ost
55
60
Grüne Lunge
CALBE
(Saale)
Saale
TRABITZ
395
24
Blaues Band
Heimatstube
Gierseil-fähre
St.-Stephani
Hexenturm
GOTTESGNADEN
Buschbreite
SCHWARZ
390
23

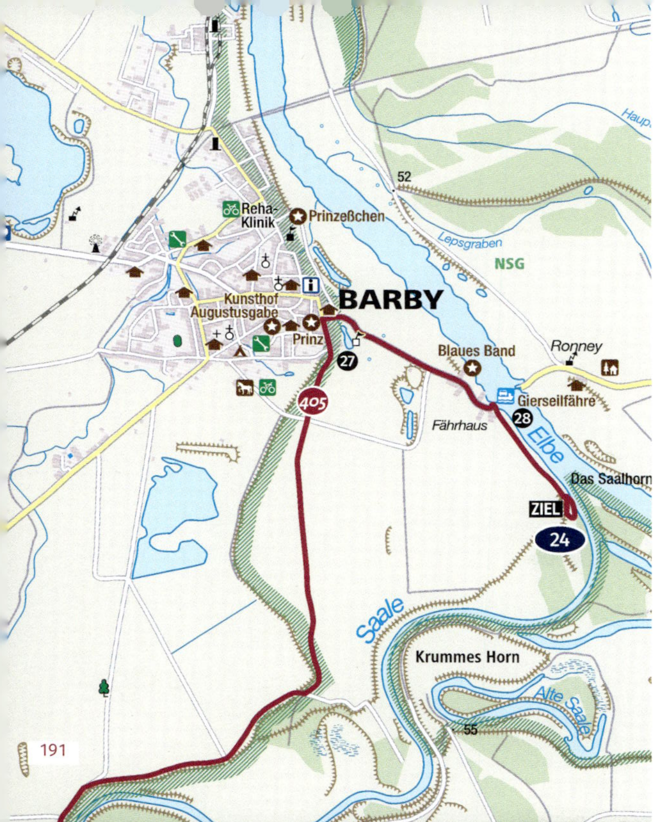

㉓ Auf Höhe einer Brücke an der T-Kreuzung links abbiegen und noch vor den Häusern nach rechts → an der Saaleschleuse bei **Gottesgnaden** rechts abbiegen → vorbei an der Kleingartensiedlung → auf dem Schotterweg entlang der Bahnstrecke zur Unterführung nach links unter der Bahn hindurch.

㉔ In **Trabitz** an der Weggabelung nach rechts in die **Friedensstraße** → nach 250 m an der nächsten Weggabelung rechts auf den **Rosenburger Weg** → auf dem Wirtschaftsweg Richtung **Groß Rosenburg** durch die Mündungsebene.

㉕ Beim Dammhaus nach links zur Fähre abbiegen → mit der Gierseilfähre die **Saale** überqueren → auf der Landstraße landeinwärts nach **Werkleitz** → den Ort auf der Hauptstraße durchqueren.

㉖ Kurz vor Ortsende rechts hinter die Häuser → links auf einen asphaltierten Radweg → rechts in den ausgebauten Wirtschaftsweg → nach Norden durch die Ackerflächen.

㉗ In **Barby** geradeaus auf der **Breiten Straße** bis zur Kreuzung mit der **Brückentorstraße** → rechts abbiegen zur Fähre →

㉘ vor der Elbfähre rechts abbiegen, um auf dem Dammweg bis zur Mündung der **Saale** in die **Elbe** zu fahren.

Das Ziel ist erreicht.

Zeit, den Akku aufzuladen

Deine Radreise soll ein unvergessliches Erlebnis werden. Dazu gehört auch das Aufladen der Akkus sowohl von Mensch als auch Maschine. Verlässliche und aktuelle Informationen hierzu finden sich auf den Seiten der Tourismusverbände und Tourist-Information der Orte.

ANREISE & ABREISE

Alle Start- und Zielorte sind mit Bus und Bahn zu erreichen. Die Mitnahme von Fahrrädern in Zügen/Bussen wird allerdings sehr unterschiedlich gehandhabt und ist zeitlichen Einschränkungen unterworfen. Informiere dich deshalb vorab:

Deutsche Bahn
www.bahn.de/service/individuelle-reise/bahn_und_fahrrad

TOURENPLANUNG

Beachte bei der Tourenplanung, dass viele stadtnahe Radwege an Wochenenden und Feiertagen stark frequentiert sind. Reserviere deine geplanten Übernachtungen vorab, vor allem, wenn du mit mehreren Personen oder in der Hochsaison unterwegs bist. Informationen zu Übernachtungsmöglichkeiten kannst du auf den Seiten der jeweiligen Tourismusverbände finden.

UNTERWEGS MIT KINDERN

Passe die Fahrstrecke den Bedürfnissen und Fähigkeiten deiner Kinder an. Durch die flache Wegführung und die vielen Einkehrmöglichkeiten direkt am Weg sind alle Abschnitte für Kinder geeignet. Nutze die lohnenswerten Schlenker und andere interessante Ausflugsziele unterwegs (Tier- und Naturparks, Badeseen, Minigolfanlagen usw.), um die Radtour abwechslungsreich zu gestalten. Genügend zu Trinken, etwas Obst und vor allem Badesachen sollten nicht fehlen.

ALSLEBEN
Stadtverwaltung
Markt 1
06425 Alsleben/Saale
Tel. 034692-2830
www.alsleben-saale-online.de

BAD DÜRRENBERG
Tourismus-Information
Fichtestr. 6
06231 Bad Dürrenberg
Tel. 03462-9987070 und -71
www.badduerrenberg.eu

BAD KÖSEN
Touristinformation
Bahnhofstraße 2
06628 Naumburg/OT Bad Kösen
Tel. 03445-273124
www.badkoesen-heilbad.de

BAD LOBENSTEIN
Stadtinformation
Graben 18
07356 Bad Lobenstein
Tel. 036651-2543
www.bad-lobenstein.de

BARBY
Stadtinformation
Marktplatz 14
39249 Barby
Tel. 039298-6720
www.stadt-barby.de

BERNBURG
Tourist-Information
Lindenplatz 9
06406 Bernburg/Saale
Tel. 03471-3469311
www.bernburger-freizeit.de

BLANKENSTEIN
Gemeindeamt
Selbitzplatz 1 (Apr. – Okt.)
Hauptstraße 15 (Nov. – März)
07366 Rosenthal am Rennsteig
Tel. 036642-22242
Touristbüro Rennsteig
Tel. 036642-29533
www.blankenstein-am-rennsteig.de

CALBE
Tourismusinformation
Markt 18, 39240 Calbe/Saale
Tel. 039291-56416
www.calbe.de

DORNBURG
Stadtinfo Dornburg-Camburg
Rathausstr. 1
07774 Dornburg-Camburg
Tel. 036421-71010
www.dornburg-camburg.de

GROSS ROSENBURG
Gemeindeamt
Hauptstr. 67
39240 Groß Rosenburg
Tel. 039294-20224

HALLE
Tourist-Info Marktschlösschen
Marktplatz 13
06108 Halle/Saale
Tel. 0345-1229984
www.stadtmarketing-halle.de

HIRSCHBERG
Stadtverwaltung
Marktstr. 2
07927 Hirschberg
Tel. 036644-4300
www.stadt-hirschberg-saale.de

HOF
Tourist-Information
Ludwigstr. 25, 95028 Hof
Tel. 09281-8157777
www.hof.de

JENA
Tourist-Information
Markt 16
07743 Jena
Tel. 03641-498050
www.jenatourismus.de

KAHLA
Tourismusinformation
Roßstraße 38
07768 Kahla
Tel. 036424-52971
www.kahla.de

LEUNA
Stadtinformation
Rudolf-Breitscheid-Straße 18
06237 Leuna
Tel. 03461-2495070
www.leuna-stadt.de

MERSEBURG
Merseburg Tourist e.V.
Burgstr. 5
06217 Merseburg
Tel. 03461-214170
www.merseburg-tourist-ev.de

NAUMBURG
Tourist-Information
Markt 6
06618 Naumburg
Tel. 03445-273125
www.naumburg-tourismus.de

NIENBURG
Stadtverwaltung
Marktplatz 1
06429 Nienburg/Saale
Tel. 034721-3090
www.stadt-nienburg-saale.de

PLÖTZKAU
Gemeindeamt
Hauptstr. 25
06425 Plötzkau
Tel. 0 34692 -31621
www.gemeinde-ploetzkau.de

RUDOLSTADT
Tourist-Information
Marktstr. 8
07407 Rudolstadt
Tel. 03672-486440
www.rudolstadt.de

SAALBURG
Touristinformation
Markt 1
07929 Saalburg-Ebersdorf
Tel. 036647-29080
www.saalburg-ebersdorf.de

SAALFELD
Tourist-Information
Markt 6
07318 Saalfeld
Tel. 03671-522181
www.saalfeld-tourismus.de

SCHÖNEBECK
Stadtinformation
Markt 21
39218 Schönebeck/Elbe
Tel. 03928-842742
www.schoenebeck-elbe.de

SCHWARZENBACH
Stadtverwaltung
Ludwigstr. 4
95126 Schwarzenbach/Saale
Tel. 09284-9330
www.schwarzenbach-saale.de

UHLSTÄDT
Touristinfo
Am Saalewehr 2
07407 Uhlstädt-Kirchhasel
Tel. 036742-63534
www.uhlstaedt-kirchhasel.de

WEISSENFELS
Touristinformation
Markt 3
06667 Weißenfels
Tel. 03443-303070
www.weissenfelstourist.de

WETTIN
Touristinformation
Burgstraße 1
06193 Wettin - Löbejün
Tel. 034607-20320
www.stadt-wettin-loebejuen.de

IMPRESSUM

© KOMPASS-Karten, A-6020 Innsbruck (22.01)
1. Auflage 2022 Verlagsnummer 6933 ISBN 978-3-99121-332-1

Text: Kristina Erhard /G'spür Contentagentur

Titelbild: Burg Saaleck am Saaleradweg (© Vincent Graetsch)

S. 2-3, 28-29, 38, 39oben, 39unten, 66, 67, 102, 104, 116, 130-131	© Saaleradweg e.V / Vincent Graetsch
S. 4-5, 9unten, 11, 34-35oben, 37, 41, 65, 70, 79unten, 94, 102-103, 125, 127, 145, 167	Public Domain
S. 6-7	© AriStonewood CC BY-SA 4.0
S. 6unten	© Markus Spiske / Unsplash
S. 8-9	© falco / Pixabay
S. 10unten	© Michael Köhler CC BY-SA 4.0
S. 10oben, 120-121	© PaulT CC BY-SA 4.0
S. 12-13	© DisobeyArt – stock.adobe.com
S. 14-15, 16-17	© Ira Budanova – stock.adobe.com
S. 18-19	© rustamark – stock.adobe.com
S. 20-21	© YesPhotography – stock.adobe.com
S. 22-23	© dusanpetkovic1 – stock.adobe.com
S. 24-25	© Diamant Fahrradwerke GmbH
S. 26-27	© Pawel Michalowski – stock.adobe.com
S. 30	© Wolfgang Michalke / Pixabay
S. 32, 135	© PeterBraun74 CC BY-SA 3.0
S. 33	©Bernhard Hanakam CC BY-SA 3.0
S. 34-35unten, 53oben	© Flodur63 CC BY-SA 4.0
S. 36-37	© Kreuzschnabel CC BY-SA 3.0
S. 40-41 oben, 139	© Allexkoch CC BY-SA 3.0
S. 42, 54, 55	© Marco Barnebeck / pixelio.de
S. 43unten	© PantheraLeo1359531
S. 43oben	© T. E. Ryen CC BY-SA 3.0
S. 44-45	© RitaE / Pixabay
S. 46-47, 62-63	© Saaleradweg e.V
S. 48-49	Bundesarchiv, Bild 183-1989-1110-031 / Kasper, Jan Peter / CC-BY-SA 3.0
S. 50-51	© Gretarsson CC BY-SA 3.0
S. 51, 64, 70-71, 156	© NoRud CC BY-SA 4.0
S. 52	given by Prof. Dr. Claus Claussen CC BY-SA 3.0
S. 53unten	© Subbass1 CC BY-SA 4.0
S. 56-57	© Reinhold Möller CC BY-SA 4.0
S. 57	© Peter von Bechen / pixelio.de
S. 58	© Ardesia Therme
S. 59	© Ardesia Therme
S. 60-61	© Till Voigt / Pixabay
S. 68unten, 71, 75	© Kora27 CC BY-SA 4.0
S. 68oben, 69	© Uta E. / Pixabay
S. 72-73	© Stollwerk

S. 74-75	© Jana Schneider / Pixabay
S. 76-77	© Dr. Horst-Dieter Donat / Pixabay
S. 77	© ZEISS Microscopy CC BY-SA 2.0
S. 79oben	© Lutz Peter / Pixabay
S. 80	© Friedrich Schiller Archiv CC BY-SA 3.0
S. 81oben	© 2182694 / Pixabay
S. 81unten	© Robert Anasch / Unsplash
S. 82-83oben, 159	© MichaelWE CC BY-SA 3.0
S. 82-83unten	© Lukas D. / Unsplash
S. 83	© Lennart Uecker / Unsplash
S. 84-85	© Fritzmitte
S. 86-87	© Wolfgang Pehlemann CC BY-SA 3.0 DE
S. 88	© Wolkenkratzer CC BY-SA 4.0
S. 89 unten	© Brück & Sohn Kunstverlag Meißen CC BY-SA 3.0
S. 89oben	© Kirschgaertner CC BY-SA 4.0
S. 90	© Uvi72 CC BY-SA 4.0
S. 90-91	© Rebecca Hausner / Unsplash
S. 92-93	© Mathias Faust / Pixabay
S. 95	© Giorno2 CC BY-SA 4.0
S. 96-97	© Engin_Akyurt – Pixabay
S. 98-99	© Krzysztof Golik CC BY-SA 4.0
S. 100	© Guido Siebert CC BY-SA 4.0
S. 101oben	© Krajo CC BY-SA 2.0
S. 101unten, 104-105	© Radler59 CC BY-SA 4.0
S. 103, 124unten, 126	© FrankBothe CC BY-SA 4.0
S. 106, 107, 117oben	© Jwaller CC BY-SA 3.0
S. 108-109	© ErwinMeier CC BY-SA 4.0
S. 108	© Foto Fitti CC BY-SA 3.0
S. 110	© lapping / Pixabay
S. 111	© Flotography / Pixabay
S. 112-113	© Niko Endres – stock.adobe.com
S. 114-115	© Michael Proschek / Pixabay
S. 117unten	© Josef Dvorak CC BY-SA 3.0
S. 119	© Dguendel CC BY-SA 3.0
S. 122-123unten	© KnauthRP
S. 122-123oben, 118	© M_H.DE CC BY-SA 3.0
S. 124oben	© Joeb07 CC BY-SA 3.0
S. 128-129	© cattalin – Pixabay
S. 141	© WikiNutzer01 CC BY-SA 4.0
S. 143	© Stephan van Helden CC BY-SA 4.0
S. 147	© Flo on Unsplash
S. 149	© Reinhold Möller CC BY-SA 4.0
S. 169	© Radler59 CC BY-SA 4.0
S. 172	© Joeb07 CC BY-SA 3.0
S. 176	© Thomas Dahlstrøm Nielsen CC BY-SA 4.0
S. 179	© Reiseuhu / Unsplash
S. 181	© F.A. Grafie / Unsplash
S. 183	© JakobWeissberg CC BY-SA 4.0
S. 192	© Peggychoucair / Pixabay
S. 195	© Sebastian Mey / Pixabay
S. 197	© Gerhard Bögner / Pixabay
S. 199	© dife88 / Pixabay

Grafische Herstellung: G'spür Contentagentur
Kartenausschnitte: © KOMPASS-Karten GmbH
Kartengrundlage für Extra-Tourenkarte: © MairDumont, D-73751 Ostfildern 4

Alle Angaben und Tourenbeschreibungen wurden nach bestem Wissen gemäß unserer derzeitigen Informationslage gemacht. Die Radtouren wurden sehr sorgfältig ausgewählt und beschrieben, Schwierigkeiten werden im Text kurz angegeben. Es können jedoch Änderungen an Wegen und im aktuellen Naturzustand eintreten. Radfahrer und alle Kartenbenützer müssen darauf achten, dass aufgrund ständiger Veränderungen die Wegzustände bezüglich Befahrbarkeit sich nicht mit den Angaben in der Karte decken müssen. Bei der großen Fülle des bearbeiteten Materials sind daher vereinzelte Fehler und Unstimmigkeiten nicht vermeidbar. Die Verwendung dieses Radreiseführers + Extratourenkarte erfolgt ausschließlich auf eigenes Risiko und auf eigene Gefahr, somit eigenverantwortlich. Eine Haftung für etwaige Unfälle oder Schäden jeder Art wird daher nicht übernommen. Für Berichtigungen und Verbesserungsvorschläge ist die Redaktion stets dankbar. Korrekturhinweise bitte an folgende Anschrift:

KOMPASS-KARTEN GMBH
Karl-Kapferer-Straße 5, A-6020 Innsbruck
www.kompass.de/service/kontakt

MIX
Papier aus verantwortungsvollen Quellen
FSC® C018236
FSC www.fsc.org